校長的
博雅新視界

釋惠敏——著

自序

# 博雅教育・無常「新常態」

本書《校長的博雅新視界》所收錄的文章，是在《人生》雜誌「佛學新視野」專欄之〈會議詞句與言語行為〉（2020年2月）到〈線上皈依、雲端祈願〉（2022年7月）的30則拙文。此書也是過去所發表文章結集出版「校長系列」：《校長的午後牧歌》（2007年10月至2010年3月）、《校長的三笑因緣》（2010年4月至2012年11月）、《校長的番茄時鐘》（2012年12月至2016年11月）、《校長的十八般武藝》（2017年2月至2020年1月）之完結篇。

這些文稿似乎是對應著如下的職務：敝人於2007年4月8日（53.2歲）擔任法鼓佛教學院校長，2任的任期（7年3個月20天），2014年8月19日（60.6歲）核准擔任法鼓文理學院校長，又經過2任8年的任期，合計15年3個月20天的校長

任期，敝人將於 2022 年 8 月 1 日（68.6 歲）退休。

# 博雅教育 5x5 倡議

本書中〈博雅教育 5×5 倡議〉一文提到：回顧敝人從 1992 年（38 歲）在國立藝術學院（2001年改名為：國立臺北藝術大學）任教與服務（學務長、教務長、代理校長）到 2006 年，之後一年的教授休假，協助法鼓佛教學院成立，合計約 15年；再加上上述在法鼓佛教學院、法鼓文理學院合計也約 15 年。如此 30 年的教育現場歷程，深刻體會「博雅教育」對於當代與未來社會的重要，是值得我們共同努力的目標，這也是本書《校長的博雅新視界》書名的意涵。

此次，將《人生》雜誌 30 則拙文依照內容編為「博雅教育諸倡議」、「健康生活自家寶」、「禪觀自在大智慧」、「美好共生新世界」等四篇，分享博雅教育之不同面向。內容連續之〈善用「自家寶藏」：免疫系統〉與〈善調「免疫系統」與「末那識」〉合為同一則，〈免疫系統的弘願：病原無盡誓願抗〉與〈念防護意：意識的免疫系統〉也合為同一則，因此編輯為 28 則。

# 四頭工作時期、四個夢想之收尾

　　敝人於 2014 年出版之《六十感恩紀——惠敏法師訪談錄》（侯坤宏、卓遵宏訪問，國史館出版。增訂版 2015 年，法鼓文化出版）提到此書三個篇名的由來：第一、兩段學生時期（1954～1992，1～38 歲）；第二、三頭工作時期（1992～2014，38～60 歲）；第三、四個夢想（人腦、電腦、社區、學園）實踐（1992～，38 歲迄今）。

　　所謂「三頭工作時期」（1992～2014，38～60 歲）是西蓮淨苑的工作（1992～，38 歲～）、臺北藝術大學的工作（1992～2014，38～60 歲）以及中華佛研所、法鼓佛教學院、法鼓文理學院的工作（1992～，38 歲迄今）。若再加上 1998 年敝人被選任「中華電子佛典協會」（Chinese Buddhist Electronic Texts Association, CBETA）之主任委員，則有四頭的工作。

　　「中華電子佛典協會」（CBETA）於 1998 年成立時只是 5 年之《大正藏》1 至 55 與 85 冊電子化任務目標，因此沒有規劃成立長久性的「法人組織」，對於主任委員的任期與改選沒有明文規定。由於各方面的善緣，第二期（2003～2008，《卍新

續藏》）；第三期（2009 ～ 2014，《嘉興藏》、
歷代藏經補輯等、國圖善本佛典、《漢譯南傳大藏
經》）乃至近年來的「新編部類」得以陸續進行，
無償提供全球使用，成果與效益，頗受肯定。

　　為了讓「中華電子佛典協會」（CBETA）可以
永續運作，於 2021 年底開始向佛教界相關單位募
資基金，以申請設立「財團法人電子佛典教育基金
會」（Comprehensive Buddhist Electronic Text Archive
Foundation, CBETA Foundation），也維持原有大
家所熟悉的 CBETA 英文簡稱。於 2022 年 5 月 22
日，眾善緣和合，由 11 個捐助團體與個人召開捐
助人會議以及董事籌備會議，通過了捐助章程，明
定以研發與推動佛學資訊及數位人文之各類教育活
動為目的，以及明定董事會運作方式，讓敝人可以
準備卸任中華電子佛典協會主任委員的工作，由董
事會、執行長、專案總幹事等法定的組織力量，承
先啟後。

　　如同此書拙文〈生命與能量定律暨「緣起、
涅槃」的聯想〉或〈生死管理：「夏花與秋葉」三
則〉所述，在人生舞台，「緣生緣滅」，上台時就
需要準備下台因緣，隨著因緣需要逐步作收尾，也
是敝人所謂「生死管理：生涯規劃、善終準備」的

目標。

　　因此，敝人在臺北藝術大學的工作在 2014 年（60 歲）已經辦理退休，2022 年 8 月 1 日（68.6 歲）將從法鼓文理學院退休，中華電子佛典協會主任委員也可以準備收尾。

　　最後，則是西蓮淨苑住持工作的收尾準備，這或許也可以配合敝人的「四個夢想：人腦、電腦、社區、學園」之「社區淨土」的部分，因為過去的工作場域是「學校學園」，自己除了佛學專業，也對於「電子佛典之電腦」或「腦科學」學習興趣高。雖然，1997 年，我曾於第三屆中華國際佛學會議「人間淨土與現代社會」，發表過〈「心淨則佛土淨」之考察〉，對當時的研究結論：「自他行淨＝眾生淨＞佛土淨」的淨土行，應如何落實在現代社會？在 2004 年，我開始認為「社區淨土」是很重要的目標，因此於 2004 年 10 月在《人生》雜誌曾發表〈淨佛國土與社區淨土──淨土行：自他行淨＝眾生淨＞佛土淨〉的拙文，但一直沒有因緣可以具體實踐。

　　2022 年退休後，或許可以新北市三峽區，西蓮淨苑附近之社區作為實踐「社區淨土」的場域，此書之〈樂齡博雅之道：寺院樂齡博雅教育園區〉、

〈「社會處方」與「博雅教育 5×5 倡議」〉、〈真菌・輕鋼構與生態・綠建築〉等拙文是西蓮淨苑「博雅生態館」規劃的理念。

## 退休・善終、老前整理

在上述《六十感恩紀——惠敏法師訪談錄》之末後〈退休・善終?!〉的拙文提到:「對於『善終』,我於《人生》雜誌『生命細胞之生死觀:善終的多樣性』(2011 年 3 月)……以不含生活細胞所組成的『心材』、哺乳動物之紅血球與皮膚角質層、或者『細胞自戕』等各種『善終』現象為例,或許可以讓我們體悟生命細胞之生死的兩面性:『雖生而不長存』、『雖死而有用、長存』。因為萬事萬物因『利用』而產生價值與『意義』,這或許也是印度梵文 artha 意味:目標、用途、利益、意義等多重含義的思維理路。……希望:我的生命的善終計畫可以與人生的退休計畫一樣,作最好的準備,有最壞的估算。我也希望我的親友、師長、乃至一切有情早作準備,自在解脫,無有怖畏,不住生死,不住涅槃。」

此外,因為校長卸任、教授退休的因緣,敝人

半年前開始整理校長室的書籍、物品，此書之〈生死管理：「夏花與秋葉」三則〉之「二、累積善緣、減少擁有」所述：「養成累積善緣於各種人際關係、社區社群，以及減少多餘的擁有與避免囤積物品的生活習慣。」是有益於所謂「老前整理」，這也是日本之坂岡洋子《老前整理のセオリー（老前整理之善安排）》（2015 年，NHK 出版）暢銷書的建言。

## 後疫情時代之「新常態」

2020 年初，全世界如火如荼進行「新型冠狀病毒」防疫工作，也開始討論所謂「後疫情時代」，此書之〈因應「後疫情時代」生死議題的自家寶藏〉之所謂「防疫三則：防護傘、免疫力、養心神」、〈善用「自家寶藏」：免疫系統〉，及本書已併文處理的〈善調「免疫系統」與「末那識」〉、〈念防護意：意識的免疫系統〉等拙文都是這方面淺見，敬請方家指教。

此外，特別是遠距線上之工作、學習、商業或社交生活的「新常態」（New Normal），加速個人、家庭、機構團體與國家之「數位化轉型」

（Digital Transformation），此書之〈線上皈依、雲端祈願〉提供一些說明與參考案例。

最後非常感謝法鼓文化成就本書作為「校長系列」完結篇之出版因緣，如同此書之〈博雅教育 5×5 倡議〉拙文所述：「（一）優質善法五戒：護、施、敬、誠、念；（二）終身學習（博學）五戒：閱讀、記錄、研究、發表、實行；（三）身心健康（雅健）五戒：微笑、刷牙、運動、吃對、睡好；（四）禪定智慧（調和五事）：身、息、念、受、想；（五）淨土學五管：知、時、生、安、康」之維持基本「體能、智能」生活型態（Basic Life Styles）的倡議，可以減少個人與社會經濟負擔，提升全民的服務體能與智能，增進大家的生活品質與公民素養，這或許是建設「人間淨土」或「社區淨土」的基本方針。

序於法鼓文理學院 2022 年 5 月 31 日

# 目錄

*chapter 2*

# 健康生活自家寶

*chapter 3*

# 禪觀自在大智慧

*chapter 4*

# 美好共生新世界

*chapter 1* ▶ **博雅教育諸倡議**

# 博雅教育 5×5 倡議

## 倡議（Initiative）

　　拙文〈心生命、社區與心靈環保〉（《人生》雜誌 2014 年 11 月）曾介紹「里山倡議」（Satoyama Initiative），它是 2010 年由日本環境廳與聯合國大學高等研究所（UNU-IAS）聯手啟動，希望建構「社會生態的生產地景」（Socio-ecological Production Landscapes, SEPL），能使生物多樣性和人類福祉雙贏的有效生活與生產模式。

　　Initiative（倡議）出現在不同的因緣，例如：開放原始碼促進會（Open Source Initiative, OSI）是一個推動開源軟體發展的非營利組織。戰略防禦倡議（Strategic Defense Initiative, SDI）是美國在 1980 年代建造太空中的雷射裝置，來作為反彈道飛彈系統，使敵人的核彈在進入大氣層前受到摧毀。

此外，Initiative 也可用於公民請願權力，例如：人民提案權（Popular Initiative），或公民提案權（Citizens' Initiative），在得到多數人的連署後，政府必須進行公民投票程序。國父孫中山在三民主義中提出的「創制」，許多學者都認為它就是一種提案。

## 校長的十八般武藝

拙著《校長的十八般武藝》（2020 年 7 月）自序提到：法鼓文理學院（Dharma Drum Institute of Liberal Arts）中英文校名蘊含「文理學院教育」（Liberal Arts Education，或稱「博雅教育」）的辦學方針，若將敝人長年所倡議與實踐之博雅「十戒」（戒學）、調和「五事」（定學、慧學）、時安康（淨土學）「三管」等十八項博雅修練之道，為方便記憶，或許也可以戲稱為十八般博雅「武藝」，並將參考「慈、悲、喜、捨」四無量（沒有界限、博雅）的擴展面向，成為「生命、社區、社會、環境」等四重擂台（道場）之波形圓周式擴展。

回顧敝人從 1992 年（38 歲）在國立藝術學院

（2001 年改名為：國立臺北藝術大學）任教與服務（學務長、教務長、代理校長）到 2006 年，之後一年的教授休假，協助法鼓佛教學院成立，合計約有 15 年。

於 2007 年 4 月（53.2 歲）開始擔任法鼓佛教學院校長兩屆任期，到 2014 年 8 月（60.6 歲）核准擔任法鼓文理學院校長，總共約 7 年 4 個月。敝人的法鼓文理學院校長第一任期 4 年是到 2018 年 7 月（64.6 歲）。因為，再接任第二任，2020 年 8 月，正好是第二任的中間點，距離 2022 年 7 月底（約 68.6 歲）大約還剩下二年。若圓滿第二任期的話，則合計擔任校長的總時間約為 15 年 4 個月，應該是交棒的時機了。

如此 30 年的教育現場歷程，深刻體會「博雅教育」對於當代與未來社會的重要，是值得我們共同努力的目標。

## 博雅教育 5×5 倡議

上述的「里山倡議」之「里山」（sato-yama）是：相對於尚未開發的「深山」（mi-yama），指人們完全開發的「里」（sato）與自然環境「山」

（yama）之交接處，可以是人與自然長期共生共存適當開發的環境區域，因此是生物多樣性與村落社區永續發展的重要型態。這或許也可以讓現代人反思，如何培養個人身心永續的生活型態，所以將原有的十八般博雅「武藝」，加上佛教的「五戒」等內容，擴大為「博雅教育5×5倡議」（5×5 Lifestyle Initiative），如下圖，並簡述之：

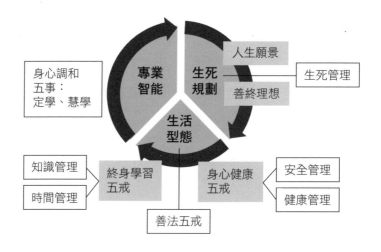

## （一）優質善法五戒

1. 不殺生（不傷害）：救護生命，珍惜環境。
2. 不偷盜：給施資財，奉獻社會。
3. 不邪淫：敬愛家人，尊重信任。
4. 不妄語：說誠實言，善意溝通。
5. 不飲酒：正念正知，清淨身心。

詳參拙文〈優質佛教徒終身學習守則——五戒新詮〉（《人生》雜誌 2005 年 11 月）。

## （二）終身學習（博學）五戒

閱讀、記錄、研究（參究）、發表（分享）、實行（實踐）。

## （三）身心健康（雅健）五戒

微笑、刷牙、運動、吃對、睡好。

## （四）禪定智慧（調和）五事

1. 調身（姿勢）：動靜節律、鬆緊自在……

2. 調息（呼吸、語言）：覺知出入、長短……

3. 調念（作意）：自他、生滅平等。

4. 調受（感受）：苦樂同功、向上轉內。

5. 調想（認知）：順逆、善惡同源。

## （五）淨土學五管

1. 知識管理：詳參拙文〈「阿賴耶識」記事本：聞思熏習、轉識成智的方便法門〉（《人生》雜誌 2011 年 5 月）。

2. 時間管理：詳參拙文〈「拖延」與「番茄工作法」〉（《人生》雜誌 2016 年 11 月）。

3. 生死管理：詳參拙文〈生死三關〉（《人生》雜誌 2009 年 10 月）、〈生命細胞之生死觀：善終的多樣性〉（《人生》雜誌 2011 年 3

月）、〈退休‧善終?!〉（《人生》雜誌 2014 年 4 月）、〈安寧療護與「生死四道：安寧療護臨床宗教師之角色」〉（《人生》雜誌 2016 年 3 月）等。

4. 安全管理：充實個人、家庭、機構、社區乃至社會的安全管理智能。

5. 健康管理：經由定期體檢早期發現疾病，並做連續監測和有效控制。

猶如拙文〈雙 A 時代的挑戰與雙 B 的因應〉（《人生》雜誌 2019 年 8 月）提到：對於雙 A（AI 人工智能 + Aging 高齡化）時代的挑戰，「雙 B（BI 基本收入＋BL 基本 [ 健康 ] 生活型態）」的因應會更有長遠效果。例如：推行「身心健康五戒」與「終身學習五戒」之維持基本「體能、智能」生活型態（Basic Life Styles），進而擴展為「博雅教育 5×5 倡議」，如此可以減少個人與社會經濟負擔，提昇全民的服務體能與智能，增進大家的生活品質與公民素養，這或許是建設「人間淨土」的基本方針。

——— 原刊於《人生》雜誌 446 期（2020 年 10 月）

# 「社會處方」與
# 「博雅教育 5×5 倡議」

　　2021 年 3 月 25 日，在北投執業的洪德仁醫師電郵敝人提到：他目前擔任臺北市醫師公會居家醫療推廣委員會召集委員。面對生命的善終，以他在社區的經驗，若能提供佛教方面的陪伴給案家，無論念佛、臨終安排、助念等等，對於案家都有很大的心靈撫慰功能。

　　因此，我們約定 4 月 9 日上午會面，協商於 6 月 23 日「居家醫療系列研討會」中，在「佛學在安寧緩和醫療的應用」主題交流事宜，並參與 6 月 12 日由中華民國社區營造學會（洪醫師是現任理事長）等單位主辦的臺日韓「社會處方在新冠肺炎的角色」國際論壇（The International Forum of Social Prescribing in COVID-19 Pandemic）。藉此因緣，讓我學習有關「社會處方」（Social Prescribing），以及它與敝人曾提出「博雅教育 5×5 倡議」（《人

生》雜誌 2020 年 10 月）的關係，野人獻曝如下：

# 社會處方

　　根據元智大學社會暨政策科學學系劉宜君教授在〈以社會處方作為社會福利服務提供與委外執行之可行性探討〉（《社區發展季刊》2019 年 6 月）的專題論述：隨著人口高齡化與醫療費用上漲的雙重壓力，部分先進國家如英國、美國、紐西蘭、加拿大等，除了提供病患醫療服務外，開始推動「非醫療的介入」（non-medical interventions），稱為「社會處方」，有時稱為「社區轉介」（community referral）。

　　以英國為例，衛生部在 2006 年將醫療資源由疾病的治療移轉到疾病的預防，在地方執行社會處方計畫，建立醫療部門、社會部門與非營利組織間的夥伴關係，讓民眾更容易獲得協助與資源，促進心理健康與獨立性。社會處方服務的對象包括：弱勢與社會邊緣的人，如低收入的單親母親、失去親人的老人、有慢性疾病的人，或是剛到新社區的人、有輕度到中度焦慮或沮喪的人、長期與持續心理健康問題的人、頻繁出現在初級醫療照護的人等。

# 10類「社會處方」

　　社會處方是將有社會、情感需求的人，連結社區的非醫療資源，例如藝術、閱讀、教育、運動，或是大自然、健康生活、資訊提供、社會企業活動、時間銀行等。社會處方透過轉介，讓病患獲得非臨床的服務，這些服務通常由志工組織、社區與宗教部門提供。社會處方的類型相當多元，可分為如下 10 種：

## （一）資訊（information）處方

　　提供健康問題或社會需求的專業資訊。

## （二）電腦化治療（computerized therapy）

　　以電腦與網際網路為途徑，提供心理治療方法。例如：自助式線上治療課程，協助病患管理自己的情緒。

## （三）閱讀療法／圖書醫療法（Bibliotherapy）或 「閱讀處方」（Book on prescription）

　　以圖書資料為媒介的治療。

## （四）運動（exercise）處方

　　轉介病患使用支持性的運動課程。

## （五）藝術或創作（arts and creativity）處方

　　病患參與藝術和創造性活動。

## （六）綠色活動（green activity）處方與「生態療法」（ecotherapy）

將有輕度與中度心理健康問題的人連結大自然環境。

## （七）學習與教育（learning／education）處方

## （八）志願服務（volunteering）處方

鼓勵人們擔任志願服務有助於心理健康。

## （九）就業（employment）處方

對於工作者的心理健康問題給予改善建議，提供支持性的就業，或是協助在社會企業、社會公司與時間銀行工作，作為社會治療的方式。

## （十）食物（food）處方

醫師開給低收入病患與其家庭食物處方，確保營養均衡與健康飲食。

# 博雅教育5×5倡議

敝人所提出「博雅教育 5×5 倡議」之綱要如下：

## （一）優質善法五戒

不傷害、不偷盜、不邪淫、不妄語、不飲酒。

## （二）終身學習（博學）五戒

閱讀、記錄、研究、發表、實行。

## （三）身心健康（雅健）五戒

微笑、刷牙、運動、吃對、睡好。

## （四）禪定智慧（調和）五事

身、息、念、受、想。

## （五）淨土學五管

知識管理、時間管理、生死管理、安全管理、健康管理。

若對比上述 10 類「社會處方」與「博雅教育 5×5 倡議」，則如下表所示：

| 10 類「社會處方」 | 博雅教育 5×5 倡議 |
|---|---|
| 1. 資訊（information） | 終身學習（博學）五戒：閱讀、記錄、研究、發表、實行 |
| 2. 電腦化自助學習式線上治療 | |
| 3. 閱讀療法／圖書醫療 | |
| 4. 運動 | 身心健康（雅健）五戒：運動 |
| 5. 藝術或創作 | |
| 6. 綠色活動 | |
| 7. 學習與教育 | 終身學習（博學）五戒 |
| 8. 志願服務 | |
| 9. 就業 | |
| 10. 食物 | 身心健康（雅健）五戒：吃對 |

可以知道 10 類「社會處方」之「5. 藝術或創作、6. 綠色活動、8. 志願服務、9. 就業」等項目，是「博雅教育 5×5 倡議」可以開拓的內容。如本書 20 頁的「博雅教育 5×5 倡議」之結構關係圖，也可以作為推展「社會處方」的參考。

## 下一代社會處方

上述劉教授的大作介紹：隨著社會處方在英國的推展，公共諮商集團公司（Public Consulting Group, Inc.）提出「下一代社會處方」（next generation social prescribing）的構想，將病患線上服務整合在家庭醫師的紀錄，自動化社會處方的提供，讓病患成為自我照顧者，建立一個真正以民眾為中心的途徑，如下圖：

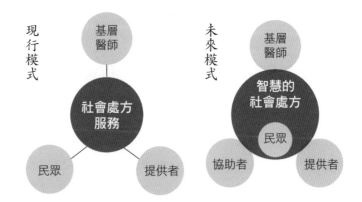

現行模式
基層醫師
社會處方服務
民眾　提供者

未來模式
基層醫師
智慧的社會處方
民眾
協助者　提供者

讓民眾在促進個人健康與福祉上扮演更積極的角色，這也是上述「博雅教育 5×5 倡議」以個人為核心之結構關係圖的意義。

———原刊於《人生》雜誌 454 期（2021 年 6 月）

# 樂齡博雅之道：
# 寺院樂齡博雅教育園區

　　臺灣老年學暨老年醫學會第十四屆第一次年會於 9 月 26 日舉行，敝人受邀於「如何協助長者有一個愉快的晚年」的專題時段中報告「樂齡博雅之道」，因此讓我有因緣回顧：從 1998 年 10 月 30 日參加「梵蒂岡第十三屆國際醫療會議子題：各宗教對老年人問題之看法」所發表的論文〈佛教對老年人問題的看法及其在我國的實踐情形〉（"The Buddhist View of the Elderly and its Implementation in the Republic of China"）、2014 年法鼓文理學院「I 型博雅人才培養」、2018 年開始開辦「樂齡大學」，到 2020 年「博雅教育 5×5 倡議」，有關「樂齡博雅」的學習之旅，換言之，即是「樂齡博雅之道」。

# 老人問題與福利的佛教觀點

　　敝人於 1998 年在梵蒂岡發表拙文，介紹：依據佛教「緣起論」，教導每個人「自覺」老年應該是豐收、成就、享受尊嚴的時期；重視「孝養」父母、長輩的家庭倫理；發願生生世世奉獻世間，推展各種「利他」的福利行動。佛教之西方淨土法門教導長者們「放下對此世的執著，一心念佛，發願往生極樂淨土」，與「人間佛教」的社會性實踐的關係，應該是相輔相成。

　　最後，介紹王順民博士之〈人間佛教的遠見與遠景——佛教與社會福利的對話〉（1998）論文：以寺院作為家庭與社區間的中介結構（mediating structure），發展寺院老人福利園區，提供支持性服務：家事服務、友誼探訪、餐飲服務、居家護理、老人公寓、居家安全輔助、臨終關懷服務等；諮詢性服務：文藝活動、長青學苑、法律服務等。由於臺灣地區寺院具有數量多、潛能大、變異小及扎根深等特性，所以能使寺院老人福利園區，發揮有效性、易接受、善用社區裡的閒置人力、經濟性、整合性等優點。

# I型博雅人才培養

　　拙文〈法鼓文理學院博雅教育的三特色〉（《人生》雜誌 2014 年 10 月）曾介紹：所謂「T」型人才，是轉換目前高等教育對於專業能力「縱向深度」之「I」型人才的培養的偏重，鼓勵學生擴展跨領域（跨界）智能「橫向廣度」。

　　但是，醫學專家們指出影響人類健康的因素有：遺傳因素、環境因素、醫療體制和生活型態等四種，其中「生活型態」取決於個人日常生活習慣，對健康影響最大。同時他們也發現成人的疾病開始於 40 歲，且都是「生活型態」所導致之疾病。

　　特別是因應高齡社會，如何建立「終身學習（博學多聞）五個好習慣：閱讀、記錄、研究、發表、實行」，以及「身心健康（雅健生活）五個好習慣：微笑、刷牙、運動、吃對、睡好」，顯得格外重要，因為良好人才若沒有養成身心健康的生活習慣，或是「英才早逝」，或者老年生活品質低落，社會醫療成本將增加。

　　因此，我們應該再從「T」型人才培養，「轉型」為博雅教育「I」型人才培養，以養成終身學習、身心健康的生活習慣作為底層，依次發展「縱

向深度」之專業智能的，同時擴展跨領域「橫向廣度」，例如：心識、生命、社區、社會、環境等面向。

## 樂齡大學與博雅教育5×5倡議

2018年，法鼓文理學院開辦「樂齡大學」，敝人於課程中，與學員們一起探索有關上述博雅教育之生活型態，協助長者有一個愉快的晚年。《法鼓》雜誌當時報導：有15位長者學員從金山，甚至三峽、樹林、內湖遠道而來。大學時代曾是同學的夫妻檔分享：「回來當學生太好了！」因為過去以工作和孩子為重心，如今深感人生須「升級」，因此重返校園，再次成為同學，重拾學習的樂趣。

最年長的75歲學生則說：過往沒機緣上大學，當一聽到樂齡大學開課的消息，立刻報名，一圓年輕時的夢想。在法鼓文理學院附近的中角國小六年甲班姜同學，在學校刊物「讀報心得」分享「阿公阿嬤來讀樂齡大學」為標題的文章，介紹：長者們除了正式課程之外，並可選修大學課程，參加社團及戶外參訪活動……，希望長者保持精神與活力，享受自在歡喜的樂齡活動。

由此樂齡大學的因緣，敝人提出「博雅教育
5×5 倡議」：1. 優質善法五戒：不傷害、不偷盜、
不邪淫、不妄語、不飲酒；2. 終身學習（博學）五
戒：閱讀、記錄、研究、發表、實行；3. 身心健康
（雅健）五戒：微笑、刷牙、運動、吃對、睡好；
4. 禪定智慧（調和）五事：身、息、念、受、想；
5. 淨土學五管：知識管理、時間管理、生死管理、
安全管理、健康管理。

## 「社會處方」與「寺院樂齡博雅教育園區」

本書中，〈「社會處方」與「博雅教育 5×5
倡議」〉一文曾介紹劉宜君教授在〈以社會處方
作為社會福利服務提供與委外執行之可行性探
討〉論述：隨著人口高齡化與醫療費用上漲的雙
重壓力，部分先進國家，除了提供病患醫療服務
外，開始推動「非醫療的介入」，稱為「社會處
方」以及「下一代社會處方」，讓民眾在促進個
人健康與福祉上扮演更積極的角色。

所以，我們或許可將 1998 年所述「寺院老
人福利園區」的構想，結合「博雅教育 5×5 倡
議」，期待發展「寺院樂齡博雅教育園區」的

可能性，例如：結合樂齡學園的日間照顧（day care）中心，則功德無量。

———— 原刊於《人生》雜誌458期（2021年10月）

# 4 會議詞句與言語行為

拙文〈議事學與羯磨法：如何表決？〉（《人生》雜誌 2003 年 10 月）曾比較「議事學」（Parliamentary）與佛教僧團處理僧務時「羯磨法」（karma，「作業、辦事」之音譯詞）的同異。

## 僧團會議之羯磨詞句

羯磨師（會議主持人）於羯磨會議之通用詞句，有「大德僧聽」（諸尊者們！請僧團聽我說）、「若僧時到，僧忍聽……」（若僧團認為適合的話，請僧團贊成……）、「白如是」（此是提案）、「誰諸長老忍……者默然，誰不忍者說」（誰諸長老贊成……者默然，誰不贊成者發言）、「僧忍默然故，是事如是持」（僧團已贊成，以默然故，我如是記憶此事）等，這些是通用於僧團處

理各種事務（受戒、懺悔、結界、自恣……），再配合不同因緣的詞句，例如受戒儀式之「此某甲從和尚某甲求受具足戒」，則可成為該羯磨會議之完整詞句。

對此通用詞句，《四分律刪繁補闕行事鈔》卷1：「白中文義俱通三句，羯磨之中，文義通者，頭尾一言，不可增略，必須通誦，缺剩不成。」認為不能增減（增略、缺剩），甚至要求羯磨師（主持人）「暗誦」羯磨會議詞句，不可以「白讀」（對眾公白而讀，不能背誦），否則會有羯磨會議不成就的問題。

## 議事學之主持詞句

拙文〈議事學與禪觀：主席與正念、正知〉（《人生》雜誌 2003 年 11 月）曾將議事學與禪定學互參，比較心外、心內議決程序的同異，例如：會議的成敗與主席是否稱職有關；禪觀的成敗與是否能「正念、正知」也是有關。

若根據〈會議規範〉第 17 條（主席之任務）提到：

（一）依時宣布開會及散會或休息，暨按照程序，主持會議進行。

（二）維持會場秩序，並確保議事規則之遵行。

（三）承認發言人之地位。

（四）接述動議。

（五）依序將議案宣付討論及表決，並宣布表決結果。

（六）簽署會議紀錄及有關會議之文件。

（七）答覆一切有關會議之詢問，及決定權宜問題與秩序問題。

有關主持會議，敝人從經驗累積，發現一些有助於會議進行的常用詞句，不揣淺陋，提供如下，敬請大家指教。

一般會議程序進行，主持人除了宣布開會及散會或休息的詞句之外，對於會議第一個主要部分「報告事項」（例如工作報告、財務報告……），為了知己知彼、檢討過去，主持人於各項報告之後，可用「是否有要補充、或想進一步了解的部分」作為主持詞句。

前者是讓「原單位」之會眾可以「補充」，後

者是讓「他單位」之會眾可以質詢之委婉詞句「想進一步了解」。猶如《大念處經》每階段禪修反覆觀察的四個步驟（內、外、內外；生、滅、生滅；唯知與唯念；無所依而住，不貪著世間）之第一步驟「內、外」順序，促進「內外、自他」單位之會眾交流。

對於會議第二個主要部分「討論事項」三部曲「動議、討論、表決」，分述相關主持詞句如下：

## （一）動議

用「〇委員／代表，請發言」主持詞句，承認發言人之地位，並須接述其動議。

## （二）討論

可先用上述的「是否有要補充、或想進一步了解的部分」的詞句，促進會眾充分了解該動議。再用「是否有正反意見？」或委婉的「是否有其他意見？」、「是否有意見要交流的？」主持詞句，引導會場產生能接納各種「正反」（pro and con）意見的氣氛，容許雙方正反辯論，使會眾充分了解各種主張與方案的利弊得失，以便決擇與判斷。

## （三）表決

可先用「是否可以表決了？」詢問會眾是否可結束討論，再用「贊成者請舉手」、「贊成者〇

票」;「反對者請舉手」、「反對者〇票」,然後宣布「本案可決」或「否決」。假如是沒有正反意見之提案,則可用「是否無異議通過?」做確認,再宣布「本案無異議通過」。

## 言語之意義、行為與力量

上述各種會議詞句的意義與力量或許可運用「言語行為理論」(Speech Act Theory:主張「言語即行動本身」)來探討,這是牛津大學奧斯汀(John Austin, 1911～1960)所提出的,其代表作是 *How to Do Things with Words*(《如何以言語行事》)。他將日常語言的使用意義,分為可以驗證真假值(例如:天氣預報)之「陳述語句」(constative utterances);與蘊含適當性條件(felicity conditions)之「實行語句」(performative utterances),例如:法官只有在法庭內(適當場合、程序……)才有權作「我裁定某某罪名成立……」判決。

奧斯汀也提出三層實行力量(performative force):1. 表意行為(locutionary act;以言指事):意義之溝通;2. 施行行為(illocutionary act;以言

行事）：言有所為，例如：我宣布、我發誓、我答應、我警告……；3. 取效行為（perlocutionary act；以言導事）：言說所造成的影響或效果，例如：接受、快樂、激勵、不安……而產生的行為。

言語分析哲學或也可讓我們學習謹言慎行，乃至從言語之受戒儀式建立「防惡止非的力量」（戒體），裨益成就身（行為）、口（言語）、意（思考）三業清淨、自利利人的人生意義。

——— 原刊於《人生》雜誌438期（2020年2月）

# 5

# 「佛典戲劇編導演」角色體驗

2021 年 4 月 8 日法鼓文理學院校慶時，敝人預告明年（2022）是 15 週年校慶，將由前臺北藝術大學戲劇學系汪其楣教授帶領本校「佛典戲劇編導演：生命教育之舞台實踐」課程的學生，表演佛教本生故事《悠悠鹿鳴》。

《悠悠鹿鳴》原是汪教授為中華佛學研究所、法鼓佛教學院聯合承辦第 16 屆 2011 年「國際佛學會議」（IABS）的「文化之夜」表演節目。汪教授以「鹿王」為輪到獻給國王作食物之懷孕母鹿而捨身的故事架構，編導一齣富有生命教育意義的戲劇。

## 課程緣起

原先，我電郵請問汪教授，可否邀請當初演出

的「拈花微笑聾劇團或其他組合」再來表演。汪教授回覆：「何必召集外面的演員來為法鼓作戲，何不就到貴校去帶一個戲劇製作，參與者就是佛學系的學生，經由劇本策畫、表演基礎，到排練製作的方法步驟，上台親自體驗，現身說法……」

她的電郵接著寫道：「回到 2011 年的初衷，讓源自佛典的《悠悠鹿鳴》為討論基本，或其他變奏，或其他發想，或也可能就是鹿，再度生自法鼓，更留在法鼓。除了在 2022 年的校慶演出，完整製作排練演出的編導演經驗，不僅留在參與者身上，還可帶到未來的工作之中……」

最後，她構想：「這門戲劇課應該是一學年……經過一個學期的研習與實作課程，期末呈現就已見雛形，有所表現。寒假期間有機會充實必須外求配合的製作，如服裝道具配樂等。明年下學期開學，就是更多的技術排練、彩排，4 月 8 日校慶上演。若計畫與當地學校互動，可聯繫安排到附近國中、國小去輕簡巡迴幾場，如此劇場經驗更紮實完整！」

我回覆：「的確是很有意義、且有創意的課程與表演，當然敝人也非常佩服您的智慧與勇氣（面對如此大的挑戰：以「表演素人」為對象），而且

選課學生不知是否可以達到表演人數？」

汪教授答：「素人可塑性較高，流露本色時，比匠人更吸引人。課程也包括肢體和聲音口白的訓練，感情與連結的創造練習活動。要把課程設計得吸引多一點學生來上課，培養各種人才……」

於是，經過汪教授、學校同仁、同學的一起努力，開課成功，我也託大家的福，參加這門課。以下是一些粗淺的學習心得，野人獻曝。

## 「鹿王捨身」角色體驗

過去，我只能以「觀眾」角度來體會「人生如戲」，因參與此課程，可練習從「演員」角度來學習。第一節課之後，我開始練習將每天的每一個時段，作為人生劇本的橋段，學習好好思考、言語與行住坐臥，揣摩如何優化自己的角色。例如：提醒自己如何練習猶如「鹿王捨身」之「捨己為人」的精神，在學校扮演校長角色時，假如有同仁或同學有什麼狀況，我會不會捨身替他／她們擋子彈？

因此，在課堂之選擇角色練習時，我選《悠悠鹿鳴》第七景「鹿王為懷孕母鹿而捨身」的台詞。準備期間，自己沒有特別去思考如何表演，只是每

天有空的時候，就思考「現在就是捨身的場景」，例如，吃飯時揣摩最後一餐面對捨身死亡之感受。

上課當天，上台時，將自己放空，讓身心隨著台詞的意境走，沒想到，當我說出鹿王的台詞「是的，當初跟人的王約定好，每個初一和十五送一頭鹿過去，不是兩頭……」之「每個初一和十五送一頭鹿過去」時，猶如「鹿王附身」，一些意想不到的情緒與表達，油然而生。身心湧出的是「無奈地悲傷」，貫穿之後一連串「台詞」的情緒。因為相對於人，鹿是弱者，雖與人的約定，已從「濫獵」到「按日提供」（原來經文），汪老師曾說：她下筆時對日獻一鹿還是不忍心，方改為「每個初一、十五」的表現方式。

我下台後，餘韻緩緩起伏，再回到自己。這種「入出」的經驗，讓自己深切反思「演戲的真實」到自己於「真實修行」的不足。當時，自己似乎感受到鹿王對其鹿民的不捨，成為表演情緒的引發點，但還不知是否有其他參考根據。之後，我在查閱三國時代漢譯《六度集經》的版本，讀到：「應先行者每當就死，過辭其王，王為泣涕，誨喻之曰：『覩世皆死，孰有免之？尋路念佛，仁教慈心，向彼人王，慎無怨矣！』日日若茲。」之「應

先行者每當就死，過辭其王，王為泣涕」的文字，發現與自己的感受有相應之處，古今情交，不可思議，記於「佛典戲劇編導演」臉書社團。

汪教授於臉書社團回饋：「經典名著，刻畫真情與至性的精準，怎不流傳千古，引動四海共鳴！就是校長您說的古今情交啊……」並且提醒需要再反覆練習，情緒輕重才能流露自在。其他的同仁也於臉書社團回饋：「在那一天隨著校長表演的情緒說：『有哪一頭鹿願意代替這頭母鹿，明天去給人吃』，在台下深受感動的我，差點舉手說：『我去！』第一次看現場的戲劇，張力、渲染力十足。感謝此課程帶給自己如此切身的反省經驗。」

我們難得有因緣可學習此戲劇三昧，記之分享。

——原刊於《人生》雜誌462期（2022年2月）

# 佛典戲劇舉隅

　　本書〈「佛典戲劇編導演」角色體驗〉一文記錄有關汪其楣教授為 2022 年之法鼓文理學院 15 週年校慶演出，所開設課程中敝人的角色體驗。

　　這門課程中，汪教授也隨堂推薦相關資料，增進學生學習的深廣度，她於去年 10 月底，介紹廣州大學人文學院資深特聘教授康保成教授大作《佛教與中國古代戲劇形態》（2017）。此書論述佛教與金元雜劇、明清以來的地方戲、藏戲、傀儡戲、影戲之演出場所、腳色、劇本體制、音樂、表演身段諸方面的關係。例如，宋代戲劇演出的重要場所「瓦舍」原為僧舍，「勾欄」亦與佛寺建築相關；佛寺僧團中的「淨人」與戲劇腳色「淨」，還有元雜劇的「題目正名」、「楔子」、「折」等，均從佛教術語借來，戲劇史上存在一個從敷演佛經到敷演戲曲的過渡環節。

為管窺印度與中國佛教佛典戲劇題材的種類與其旨意，拙文想舉如下幾個實例：

## 佛傳、佛弟子傳：出家解脫道

在古印度，馬鳴菩薩（Aśvaghoṣa，約 80～150）善於將佛教人物傳記，改編為文藝作品，宣揚出家解脫道。他所著《佛所行讚》（Buddhacarita）之梵文佛傳詩歌劇，流傳千古，例如：敦煌莫高窟第 254 窟南壁《降魔變相圖》（北魏）就是描繪此梵劇第 13〈破魔品〉之意境：面對猙獰氣洶的魔軍、妖媚萬千的魔女，釋迦牟尼泰然不動，魔軍潰敗，魔女變成老婦。

《付法藏因緣傳》卷 5：「〔馬鳴菩薩〕於華氏城（Pāṭaliputra，現巴特納市 Patna）遊行教化，欲度彼城諸眾生故，作妙伎樂名賴吒啝羅。其音清雅，哀婉調暢，宣說苦空無我之法。」賴吒啝羅（Raṣṭrapāla）本是富豪之子，想出家但不得父母允許，斷食明志，遂隨佛出家得道，返家度化家人與國王。馬鳴菩薩以此事蹟為題材，創作伎樂（詩歌舞蹈劇），宣揚苦空無我之解脫道。

同書接著敘述：「……令作樂者演暢斯音。

時諸伎人，不能解了曲調音節，皆悉乖錯。爾時，馬鳴著白氈衣，入眾伎中，自擊鐘鼓，調和琴瑟，音節哀雅，曲調成就。」可見馬鳴菩薩不僅是文藝創作家，也是梵詩歌劇之演奏家。因此，印順法師《青年的佛教》（1973）：「到公元一世紀，佛教的文藝大師──馬鳴菩薩，作《三契經》。三契就是三節：先歌讚三寶，次誦經或講經，末了唱迴向頌。佛教的法事，與歌讚結合起來，成為後代佛教法事的典範。馬鳴又作賴吒啝羅伎，這是佛化的歌劇，感動了好多人來學佛。」

此外，馬鳴菩薩也將佛陀的堂弟孫陀羅難陀（Sundara-nanda，簡稱難陀）的戲劇性出家修道歷程，改寫為梵文詩歌劇。難陀是當時的美壯男（故稱 Sundara），又非常喜愛他美麗的妻子孫陀利（Sundarī，美女），佛陀誘導他出家，讓他徹悟愛欲的過患。

## 本生：世世常行菩薩道

「本生（Jātaka）」是「從現在的某事件，說到過去某偉大事蹟，又歸結到過去的某某，就是現在佛陀自己或弟子」之佛典故事題材，於傳統之「持

戒、禪定、智慧」之外，許多偉大德行（捨身布
施、忍辱、精進）故事不斷傳頌，收集歸類，成為
佛與弟子們過去生中的因行，引發「世世常行菩薩
道」的大願。

例如：康僧會（？～280）漢譯之《六度集
經》收載91則本生故事，其中第18則：「昔者菩
薩身為鹿王……菩薩世世危命濟物，功成德隆，遂
為尊雄。佛告諸比丘：時鹿王者，是吾身也。國王
者，舍利弗是。菩薩慈惠度無極，行布施如是。」
此故事是膾炙人口的「鹿王本生」，描述鹿王為輪
到獻給國王作食物之懷孕母鹿而捨身，感動國王戒
殺，保護鹿群。這也是汪其楣教授《悠悠鹿鳴》舞
台劇本的根據，對於過去生與現在世的因果連結，
汪教授解讀：佛陀和舍利弗現身說法，敷演鹿王與
人王的角色，詮釋慈悲捨身主題的戲劇。

## 淨土宗祖師傳：歸元鏡

類似前生與今世的因果連結之印度佛教「本
生」題材，明朝智達法師創作《異方便淨土傳燈歸
元鏡三祖實錄》（簡稱《歸元鏡》）之崑曲傳統
劇目，講述了中國佛教淨土宗主要人物東晉廬山

（慧遠，334～416）、唐末永明（延壽，904～975）、明末雲棲（蓮池，1535～1615）三位祖師的間隔轉世和永續傳燈之故事。

此劇從釋迦牟尼佛宣示《阿彌陀經》之持名念佛往生極樂國之「殊勝方便歸元」法門，舍利弗自願下凡，剃度慧遠，並協助造殿，接引群賢結蓮社。有一老僧、疾僧投奔廬山。老僧發願專修淨業，廣度群生，是永明前身；疾僧願為國王，護持佛法，是高麗王前身。

唐末吳越地區，王稅司買魚蝦放生，家無餘蓄，挪用官錢，事發處斬，臨刑之際，刀折為三段，經府尹許自新（蓮池前身）保奏赦免，出家修行，普利群生，世稱永明延壽大師。

許自新年老時，得大師遺囑及偈詩，決定另換皮囊來世傳燈。五百年後，大勢至菩薩碎其所愛茶碗，示現幻相無常，蓮池警醒，七筆勾塵，捨妻離家雲遊。

蓮池雲遊歸來，入雲棲修道，應村民之求，念佛祈得抗旱甘霖；後又應杭州太守之請，發牒祈祝海神暫停潮汐，以建朱橋；在竹院幽窗下重訂《彌陀疏鈔》，此後傳燈無窮。

———原刊於《人生》雜誌 463 期（2022 年 3 月）

*chapter 2* ▶ **健康生活自家寶**

# 善用「自家寶藏」：
# 免疫系統

## 親密的陌生者：微生物

　　2020 年初，全民進行「2019 新型冠狀病毒」防疫工作，連帶引起搶購口罩、人際間的信任危機等課題。敝人近來也因此加強學習有關微生物，以及免疫系統的知識，野人獻曝，敬請大家指教。

　　美國公共廣播電視公司（PBS）1999 年發行的四集系列節目《親密的陌生者：地球上看不見的生命》（Intimate Strangers：Unseen Life on Earth），2000 年有紙本書刊行（2005 年發行中譯本）。書中第三篇〈危險的朋友，友善的敵人〉提到：微生物（細菌、病毒、真菌等）常住在我們的皮膚、口腔和腸道內，入侵肌肉、骨頭及內臟的微生物，才算侵入人體。我們已演化出一套防禦系統（阻隔作用的皮膚和黏膜、殺菌作用的體液、免疫系統），

來抵擋它們的侵犯。在同一間辦公室，有人容易得流行性感冒，有人卻不會。我們的基因組成與許多因子，例如營養、壓力、心理健康，都會影響免疫力的優劣。

每天，我們的免疫系統都與微生物交換著成千上萬的化學訊號，有時是「很高興你的到來」、「歡迎，裡面請坐」，有時是「給我安分點兒，不許越界」。我們的身體從這些對話中可以區分出敵友關係，進而採取行動來招待友人或攻擊敵人。我們一生中，都與此隱形世界保持密切的互動關係。誠如美國醫學教授路易斯・湯瑪士（Lewis Thomas, 1913～1993）所說：「疾病通常代表著未達成協議的共生關係……是兩生物間的一種誤解。」此類知識，有助我們做出有益個人健康的決定，以及促進全球人類健康的策略。

## 自家寶藏：免疫系統

有關免疫系統的知識，國際知名血液學權威、中央研究院院士伍焜玉醫師的大作《免疫的威力：免疫力，就是最好的醫生！治癒過敏、發炎與癌症的免疫醫療法》第 14 章〈維護健康免疫及適量發

炎〉提到：要維持健康的免疫力，最基本也最重要的，就是過著健康的生活，必須從基本的生活習慣做起：足夠的睡眠、適量的運動、有效的紓壓、營養的三餐，以及避開傷害免疫的生活習慣，如嗜酒、吸菸、嚼檳榔等。

伍院士大作之副標題「免疫力，就是最好的醫生！」，讓我們想起禪宗《景德傳燈錄》卷28記載：唐朝大珠禪師向馬祖道一（709～788）求佛法，道一和尚回答：「汝自家寶藏（心性本來清淨）一切具足，使用自在，不假外求。」或許可說：免疫系統是身心健康的自家寶藏，我們若忘了防「疫」的主角是免「疫」系統，只外求、甚至囤積口罩就以為防疫了，因而疏忽健康的生活習慣是健全免疫系統之本，也讓真正需要口罩的醫護人員與病人的口罩匱乏，則損人不利己。

敝人常分享的「身心健康五戒：微笑、刷牙、運動、吃對、睡好」，可以健全免疫系統。「終身學習五戒：閱讀、記錄、參究、分享、實踐」可增進防疫知識，例如：施打疫苗協助免疫系統辨識病原；勤洗手（洗後擦乾手，再用護手霜，避免皮膚龜裂）阻隔病原；為避免傳播病原，若有感染症狀，注意咳嗽禮節並戴口罩、勤洗手，主動居家休

養，也有助於提升免疫力，這些都是自利利人的防疫之道。

根據網路媒體「HEHO」（2月12日）報導（https://heho.com.tw/archives/67480），臺灣首例新冠肺炎確診的女臺商2週左右治癒出院，其主治醫師范姜表示：主要還是靠她的免疫力，醫療團隊只是避免病人散播疾病，避免其他細菌趁虛而入，讓病人專心對抗病毒。

## 腦中第七感：免疫反應

近年來「免疫療法」是治癌的重大突破。美國詹姆斯・艾利森（James P. Allison）與日本的本庶佑（Tasuku Honjo）兩位免疫學者，在2018年獲得諾貝爾生理醫學獎，因有「讓人體免疫系統發揮本有能力、攻擊癌細胞的方法，為癌症治療樹立全新的準則」的研究貢獻。

此外，《科學人》（Scientific American, 2018年9月）之〈腦中第七感〉（The Seventh Sense）報導，美國維吉尼亞大學醫學院教授喬納森・吉普尼斯（Jonathan Kipnis）認為：愈來愈多證據指出，無論個體生病或健康，神經系統和免疫系統都保持

互動。因此他提出如下的假說：我們擁有五種基礎感官：嗅覺、觸覺、味覺、視覺和聽覺；而空間感和動作感（又稱本體感覺）通常稱為第六感，這些感官提供外境資訊，讓大腦指揮和調節各種生存活動。免疫系統的作用之一，是負責偵測有害微生物並通知腦部。因此，免疫反應是一種已經嵌入腦部的機制，可稱為第七感。

吉普尼斯也說：和中樞神經系統相比，免疫系統是較容易的投藥目標，或許未來治療漸凍人症、阿茲海默症等腦部疾病的方法，是利用基因療法來修補免疫系統，甚至以骨髓移植來替換受損的免疫系統。

總之，了解我們與隱形微生物世界需要維持適切的共生關係，保持健康生活習慣以健全免疫系統，善用免疫系統開發可治療疫疾、癌症等病的醫藥。這或許也類似佛教所說：體悟煩惱與菩提的共生關係，保持戒、定、慧的生活習慣，培養與善用自性清淨心之自家寶藏，自度度人的旨意。

## 免疫力真的愈強愈好嗎？過猶不及

但是，根據中央研究院院士伍焜玉醫師的大

作《免疫的威力：免疫力，就是最好的醫生！治癒過敏、發炎與癌症的免疫醫療法》之第7章〈器官移植排斥與免疫的關聯〉、第8章〈自體免疫疾病〉、第9章〈過敏的免疫〉，讓我們也知道：免疫系統雖然幫助我們抵抗外來入侵，但這種異體排斥的問題對於器官移植也造成障礙。

免疫系統有時也會判斷失常，發生自身的免疫細胞攻擊體內其他細胞的現象，此「自體免疫」問題會引發難以根治的疾病，例如系統性紅斑狼瘡與類風濕性關節炎。過敏的問題自古以來就令人困擾，這也是免疫反應過度造成對自體的傷害，或是皮膚發癢、起疹子、鼻炎、氣喘等等問題，都很有可能是免疫系統為了要保護自體所引起的過激反應。因此，免疫力真的像大家說的愈強愈好嗎？

## 腦中第七感：
## 免疫原則（容自、排他）與「末那識」

如同《科學人》（*Scientific American*, 2018 年 9 月）之〈腦中第七感〉（The Seventh Sense）報導，美國維吉尼亞大學醫學院教授喬納森・吉普尼斯（Jonathan Kipnis）提出假說：我們擁有五種基礎感

官——嗅覺、觸覺、味覺、視覺和聽覺；而空間感和動作感（又稱本體感覺）通常稱為第六感。免疫系統的作用之一，是負責偵測有害微生物並通知腦部。因此，免疫反應是一種已經嵌入腦部的機制，可稱為第七感。伍焜玉醫師也提到：「我從骨髓移植學習到免疫的一個基本原則：自體耐受、異體排斥的原理及臨床應用。」

這種「容自、排他」免疫原則與感知，讓我們聯想到大乘佛教唯識學派所建立的「末那（manas，思量）識」，此識是在眼、耳、鼻、舌、身、意等六種認識作用之外，所建立第七種認識作用，《成唯識論》卷5引用佛經說：「異生（凡夫）善、染、無記心時，恆帶我執，若無此（末那）識，彼（我執）不應有。」藉此來說明凡夫不論是「善、惡、非善非惡（無記）」心，都常有「我執」。若是不善調伏我執，自私自利過度，則害人害己。

此與生俱來的求生本能與自我防衛機制，猶如《生命運作的方式》（*The Way Life Works*）書中所說：生命追求自利，但也互助合作。因為自私行為過度，將會兩敗俱傷。群體中好鬥的強勢個體，可能常受傷；大部分病原體與宿主也會產生彼此的適應，讓感染的結果不會過度嚴重到宿主全數死亡。

否則宿主若是死亡，病原體通常也只會滅絕，就沒有繁衍、散播的機會。

## 善調「免疫系統」與共生

同樣地，伍醫師的書中提到：我們的免疫系統若是變得很衝動且不分對象，連對一些不會傷害身體的外來物（例如：花粉、花生）也發生激烈反應，結果傷害到自身，甚至引起休克致死。這是由於體內的免疫細胞對外來物反應後，產生很特別的抗體（免疫球蛋白抗體 E 抗體，IgE），其化學成分與抗菌的抗體相似，但功能則不相同。此外，1961年，穆瑞醫生嘗試用免疫抑制藥（皮質類固醇）來減低腎臟移植排斥，成為第一例用非同卵雙胞之腎臟移植的成功案例。

上述「自體免疫」疾病的治療方式，目前也是用類固醇等藥物來減低免疫細胞活力，減少自體抗體的量，可見善調「免疫系統」對於健康與醫療的意義。

《免疫的威力》也提到：嬰兒剛出生時，免疫細胞還在發育中，尚未具備辨認自我和異體的能力。過了一段時間，大約二到四星期後，在胸

腺發育出來的 T 細胞，及骨髓發展出來的 B 細胞才有辨別能力，它們能夠辨認自體而給予容忍，是靠著「主要組織相容性複合體」（major histocompatibility complex）。

伍醫師也用此說明，我們大腸管壁上為何有無數細菌共生，因為這些細菌在嬰兒期趁著免疫系統尚未成熟時進駐腸內；免疫系統成熟後，盤點自體細胞也把腸菌算在內。這些細菌繁殖迅速，其數遠超過人體細胞總數。但是，腸內細菌也把腸子當作自體的鄉土保護，協助清除廢物。不同種類的細菌保持平衡狀態，才能確保腸內免疫反應的安全。然而，當飲食偏向油脂高、纖維少時，腸內益菌的數目及種類會減少，降低腸壁免疫功能。

「容自、排他」或「共生」免疫原則，猶如生命「競爭、合作」機制，這些生物共生現象的意義，誠如生物學家湯瑪士（Lewis Thomas）所言：並非「好人難出頭」（Nice guys finish last），而是「好人活得較長久」（Nice guys last longer）。

——— 原刊於《人生》雜誌 440、441 期（2020 年 4、5 月）

# 2

# 因應「後疫情時代」
# 生死議題的自家寶藏

校
長
的
博
雅
新
視
界

## 後疫情時代

2020 年，全世界如火如荼進行「新型冠狀病毒」防疫工作，也開始討論所謂「後疫情時代」，例如：7 月 24 日《Heho》健康報導〈後疫情時代的臺灣！十大學者分析改變了這些事〉：

一、學會與病毒和平共存；

二、貧富差距愈來愈嚴重；

三、新產業的開創；

四、創造人與人的之間「新距離」；

五、改變與自然界關係；

六、臺灣疫苗生技業上的成長；

七、創造的新常態；

八、國際政治體系的改變；

0
6
6

九、更加支持傳染疾病研究；

十、個人影響。

　　對這些社會變遷，敝人將提供與「生死」議題相關的一些淺見，野人獻曝。

## 生死三關、解脫三經

　　拙文〈生死三關〉（《人生》雜誌 2009 年 10 月）曾提到：我們面對生死問題或關卡時，雖然狀況千差萬別，似乎可收攝為「病緣善惡關：斯人也而有斯疾也！」、「醒睡正念關：若是昏睡，則不能正念？」、「生死涅槃關：我是誰？我從何來？我將何去？」等，簡稱「生死三關」。

　　佛教之「戒、定、慧」三學，可讓我們比較容易身心解脫；若有疾病或橫死，也容易「身苦，心不苦」。平時若能養成善習，則臨終時不會拘泥心識是清醒或昏睡狀態，也可體證不生不死的涅槃境界。所以不追悔過去，不空求未來，適當地做好每一時段應該做的事。

　　若想學習打通「生死三關」，佛教提供「解脫道」的修行，初期佛教《阿含經》是其重要資源，

拙文〈解脫三經〉（《人生》雜誌 2020 年 3 月）曾介紹：《中阿含經》卷 10〈習相應品〉之「持戒→無悔→歡悅→心喜→身安（輕安）→樂→心定→如實知見→厭→離欲→解脫→知解脫」次第；《雜阿含經》第 1～4 經：觀五蘊（色、受、想、行、識）無常（苦、空、非我）；《念住經》每階段禪修反覆觀察的四個步驟：1. 內（自）、外（他）、內外（自他平等）；2. 生、滅、生滅（平等）；3. 唯知與唯念；4. 無所依而住，不貪著世間。

## 防疫三則：防護傘、免疫力、養心神

此外，敝人曾於 2020 年夏季號《法鼓文理學院校刊》（7 月），提出如下的「防疫三則」，與全校師生共勉：

（一）公衛專家提醒：由於新冠肺炎的疫苗還未上市，疫情將如天氣的變化，晴雨不定，防疫措施則如雨傘防雨，我們需要做長期與快速機動因應的準備：晴天收傘、陰天備傘、下雨撐傘。

（二）敝人常分享的「身心健康五戒：微

笑、刷牙、運動、吃對、睡好」，可以健全免疫系統，「終身學習五戒：閱讀、記錄、研究、分享、實踐」可增進防疫知識，例如：施打疫苗協助免疫系統辨識病原；為避免傳播病原，若有症狀，注意咳嗽禮節並戴口罩、勤洗手，主動居家休養，有助於提昇免疫力。

（三）保持「社交距離」防疫原則，但維持「內觀與神交」，猶如左宗棠「讀書靜坐，養氣凝神」、「讀書萬卷，神交古人」等生活態度。此外，1665 年鼠疫流行，牛頓（Isaac Newton）避疫回鄉兩年間，專注研究，發現萬有引力定律以及相關原理與運用。雖然「社交」是人之天性，但因應疫情，讓我們有機會善學「獨處：內觀與神交」的意義。

## 自家寶藏：牧牛、牧心

如何「內觀與神交」以養心神，或許可以借用拙文〈禪文化與牧牛、牧心〉（《人生》雜誌 2006 年 4 月）如下的內容摘錄，提供參考。

禪宗以不立文字、不依經典，直傳佛之心印為宗旨，故又稱「佛心宗」。所謂「牧心」如「牧

牛」，所以禪宗有「牧牛圖頌」的禪詩與禪畫的
流行。

藉由「牧牛」的譬喻，來說明「攝心」、「制
心」的教導，主要以佛陀臨入涅槃之遺教類的經
典。例如：《大般涅槃經》卷22：「善男子！凡夫
之人不攝五根，馳騁五塵。譬如：牧牛不善守護，
犯人苗稼。」

在禪宗，潙山懶安禪師（大安禪師，793～
883）參問百丈懷海禪師：「學人欲求識佛，何者即
是？百丈曰：大似騎牛覓牛。師曰：識後如何？百
丈曰：如人騎牛至家。師曰：未審始終如何保任？
百丈曰：如牧牛人執杖視之，不令犯人苗稼。」

因為現前一念本來解脫自在的「無住」真心是
我們每個人已經騎著的牛，不假外求。猶如大珠慧
海和尚敘述從江西和尚（馬祖道一，709～788）
所學到的悟境：汝自家寶藏（心性本來清淨）一切
具足，使用自在，不假外求。

最後，猶如拙文〈善用「自家寶藏」：免疫系
統〉（《人生》雜誌2020年4月），了解我們與
隱形微生物世界需要維持適切的共生關係，保持健
康生活習慣以健全免疫系統，善用免疫系統開發可
治療疫疾、癌症等病的醫藥。這或許也類似佛教所

說：體悟煩惱與菩提的共生關係，保持戒、定、慧的生活習慣，也可以作為因應「後疫情時代」生死議題的自家寶藏，培養與善用自性清淨心之自家寶藏，自度度人的旨意。

———— 原刊於《人生》雜誌448期（2020年12月）

# 免疫系統的弘願：
# 病原無盡誓願抗

## 莫辜負自家寶藏

2020 年 12 月 8 日英國 90 歲老婦人基南（Keenan）接種全球首劑 COVID-19 疫苗後，迄今（7 月 5 日），全球總施打劑超過 32 億劑，約有 24.2％人口至少接種了第一劑疫苗。一些國家或地區的疫情趨緩，警戒逐漸寬鬆。

在臺灣，因為疫情控制尚可，加上媒體報導各種不良反應的案例，優先接種疫苗的類別者接種意願也不高。為避免疫苗過期，5 月 11 日起，政府開放 65 歲以上的人可以接種 AZ 疫苗，因此敝人於當天下午完成接種，也分享經驗，鼓勵大家接種，自利利人。

接種疫苗讓體內產生抗體而獲得免疫力，雖是預防傳染病最有效的方法，但是，有些人似乎對於

疫苗接種還是有許多疑慮，讓我們一起回顧免疫學歷史，或許有助於我們讚賞免疫系統「病原無盡誓願抗」的弘願，莫辜負此「自家寶藏」，能接種疫苗讓它提前「識別」病原，藉由「免疫記憶」充分準備好「自家特效藥＝抗體」，從容地因應病毒、病菌，以及毒素。

## 免疫現象之觀察

「免疫」（immunity）之用語源自拉丁語「免除（in-）義務（munus）」，例如：兵役、稅務或勞務。免疫（不再次感染）概念的第一個記載者，可能是西元前 430 年希臘歷史學家修昔底德（Thucydides），他親歷當時雅典與斯巴達的爭霸戰而撰寫《伯羅奔尼撒戰爭史》，該書描述當瘟疫襲擊雅典時，瘟疫患者的症狀，以及記載「病人和垂死者得到康復者的同情照顧……因為沒有人第二次得病，或者沒有造成致命的結果」的觀察，他發現得過瘟疫而倖存者不會再次得病，因此可以幫忙照護病人或處理屍體等後事。

雖然人類早就意識到免疫現象，也曾於「天花」（smallpox）大流行時，採用人的天花痘漿來

預防天花，但許多人還未得其利（免疫），先得其弊（死亡）。直到 1796 年，英國金納（Edward Jenner）醫師，觀察到擠牛奶女工若感染過牛痘，就不會感染天花，因此將「牛天花」（cowpox）膿液接種到一個孩子的皮膚的實驗，而成功地預防天花。他為了與當時流行的「人之天花痘接種法」（variolation）做區別，將此種產生抵抗力的方法叫作「牛之天花痘接種」（vaccination，拉丁文 vacca，牛），這也是所謂「疫苗」（vaccine）語詞的來源。

## 免疫學之始：善用「微毒」抗「劇毒」

但是為什麼接種牛之天花痘膿液可以預防人的天花病？又經過將近 80 年，提倡微生物為病原的法國路易‧巴斯德（Louis Pasteur）才開創探究的契機。

1880 年，巴斯德從得病多天的雞取出樣本而培養的病毒之毒性已減低（首支實驗室培養出的疫苗），因此不會致病，但仍然能在其他雞的體內產生免疫力。他再以此方法開發用於羊和牛之炭疽病和人類狂犬病的疫苗。

1890 年，北里柴三郎、埃米爾‧阿道夫‧馮‧貝林（Emil Adolf von Behring）發現：將細菌的毒素培養液（類毒素）讓動物產生免疫，再取其血清（含「抗毒素」，即 1930 年後所稱的「抗體」），可以治療其他動物（包含人）的感染。

## 數百萬種體內特效藥：抗體的專一性與多樣性

由於病毒、細菌等病原之種類眾多，人體細胞可以對每一種入侵的微生物（多樣性，diversity）製造出專一性（特異性，specificity）的抗體，對二十世紀初的科學家們而言，覺得不可思議。

根據日本免疫內科學熊ノ郷淳教授邀集 58 位相關專家撰寫的《免疫學百科》（《免疫ペディア》，2017 年），科學家提出兩類免疫理論模型：「從現有之中選擇」（選擇說）或「配合抗原而後製作抗體」（模具說）。換言之，前者認為我們體內已經存有數百萬種特效免疫藥（抗體），只需要從中「選擇」出匹配的種類即可。

1959 年，弗蘭克‧麥克法蘭‧伯內特（Frank Macfarlane Burnet）醫師提出「克隆選擇（clonal selection）理論」，是目前的公認模型：預先存在無數抗體的淋巴細胞群（克隆）中，特定的抗原激活（選擇）特定的抗體細胞，從而誘導該特定細胞大量繁殖而產生足夠的抗體以防疫，一部分的抗體細胞殘留而成為「免疫記憶」，於再次感染時，可以迅速有效地因應病原。

## 病原無盡誓願抗、煩惱無盡誓願斷

1976 年，利根川進教授發表「產生抗體多樣性的基因性原理」，更加印證「克隆選擇理論」。他發現：在胚胎期，免疫系統的淋巴細胞之幾組基因隨機（random）重組，可產生數十億種抗體類型的細胞。因此，他獲得 1987 年諾貝爾生理學或醫學獎，其得獎說明：「我們已為與任何可能的抗原（病原體之可辨識部分）相遇做好充分的準備，雖一生很可能只有一小部分抗體（中和病原體或毒素）被使用而產生免疫防禦；然而，這對於因應可能的新感染所需的高度警覺性之保持是必要的。」

如此我們與微生物病原「競爭合作」數億年，而演化成為「病原無盡誓願抗」的免疫系統，或許可用佛教〈四弘誓願〉：「眾生無邊誓願度，煩

惱無盡誓願斷，法門無量誓願學，佛道無上誓願成。」之菩薩於因位時的大願來形容。也或許我們的「自性清淨心」與無盡「客塵煩惱」的關係，也可以向免疫系統學習：雖然我們已為與任何可能的煩惱相遇做好充分準備，但有必要對可能的新煩惱保持高度的警覺性。

## 「免疫記憶」與「憶念」心所

　　上述提及，藉由「免疫記憶」以準備「自家特效藥＝抗體」，其中所謂「免疫記憶」，是免疫系統快速、特異性識別身體先前遇到的病原體之抗原，並啟動相應免疫反應的能力。通過疫苗接種，人工誘導包括「免疫記憶」在內的保護性免疫是醫學領域免疫學最傑出的成果。

　　所謂「記憶」在佛教稱為「念」，例如《成唯識論》卷5，對於「念」定義的說明：「云何為念？於曾習境，令心明記，不忘為性，定依為業。」也即是，對於曾經驗過的境界，銘記在心而不忘，可作為專注力（定）的基礎（依）是其作用（業）之心理作用（心所）。換言之，類似一般所謂「憶念」不忘的能力。

# 根律儀（心識感官之防護）

為何「憶念」可作為專注力（定）的基礎（依）？我們或可從佛陀的堂弟孫陀羅難陀的修行經驗來探討。難陀是當時的美壯男（故稱 Sundara），又非常喜愛他美麗的妻子孫陀利（Sundarī，美女）。因此，《雜阿含經》卷 11：「世尊告諸比丘：其有說言大力者，其唯難陀！此是正說。其有說言最端政者，其唯難陀！是則正說。其有說言愛欲重者，其唯難陀！是則正說。」

但是佛陀誘導他出家，讓他徹悟愛欲的過患之後，佛陀又讚歎他：「諸比丘！而今難陀關閉根門，飲食知量，初夜、後夜精勤修習，正智成就，堪能盡壽純一滿淨，梵行清白。」所謂「關閉根門」是「根律儀」（六根之防護），也即是難陀比丘很善於防護眼、耳、鼻、舌、身、意等六「根」（心識感官），可以「守諸根門，護心正念，眼見色時，不取形相」，因此可以防護世間貪憂、惡不善法之擾害。

# 「憶念」是意識「免疫系統」的主角

對於「根律儀」的修行細節,《瑜伽師地論》卷21、卷23:「謂即依此尸羅(戒)律儀,1. 守護正念(防守正念)、2. 修常委念(常委正念)、3. 以念防心(念防護意)、4. 行平等位。眼見色已,而 5. 不取相、6. 不取隨好。恐依是處,由不修習眼根律儀、防護而住其心,漏泄所有貪憂、惡不善法。故即於彼修律儀行,7. 防護眼根、8. 依於眼根,修律儀行。如是……依於意根修律儀行,是名根律儀。」

其中,1.「防守正念」、2.「常委正念」、3.「念防護意」是以「憶念」防護「意識」,因此,我們或可說:「憶念」是意識的「免疫(貪、瞋、癡煩惱)系統」的主角。

## 防守正念、常委正念、念防護意

對於如何「防守正念、常委正念」,《瑜伽師地論》卷23說明:首先,修行者依聞、思、修之增上力而 1. 獲得正念。其次,彼行者依聞、思、修之瑜伽(修行)作用故,於時時中善能 2. 防守此聞、

思、修所集成念。3. 經常不斷地（恆常、無間）修行，4. 盡心盡力地（委細、殷重）修行。如此，「防守正念」能於念不忘失；「常委正念」於不忘失念，得任持力，依此力而制伏六種感官（根）所對應的「色、聲、香、味、觸、法」境界。

換言之，眼（耳、鼻、舌、身）與色（聲、香、味、觸）為緣而生眼（耳、鼻、舌、身）識後，無間而生之分別意識，或者意與法為緣而生之意識。若與能令生煩惱之非理分別共起的話，則於眼根所對應可愛色之色，乃至意根所對應可愛色之法將生貪染；或者，於不可愛色之色，乃至不可愛色之法將生瞋恚。此時，由「念」（防守正念、常委正念）之增上力故，意識被防護。所以「憶念」的修行可說是意識的「免疫（煩惱：貪、瞋、癡）系統」的主角。

## 我們為什麼還沒有死掉

免疫學者伊丹・班—巴拉克（Idan Ben-Barak）2014 年的著作 *Why Aren't We Dead Yet?*（2020 年中譯本：《我們為什麼還沒有死掉？：史上最有趣的免疫系統科學漫談〔原來，你能活著還真是奇

蹟！〕》）之引言：「當我們環顧四周……皆潛伏著無數細菌，它們伺機侵入我們的身體，試圖從溫暖宜居的環境、可口的蛋白質和豐富的能量來源裡分一杯羹。由於肉眼無法看到這些微生物，我們也許會忽視它們，但是……到處都有它們的身影……世界如此凶險，我們能活下來真是個奇蹟呢。」

如同免疫系統防護生命，「憶念」是意識「免疫系統」（念防護意）的主角，我們可以「聞、思、修」學習而累積的「憶念」，恆常、委細地修行；因此，有力制伏六種感官（根）所對應的「色、聲、香、味、觸、法」境界所產生的「貪、瞋、癡」煩惱，「防護」我們的法身慧命「不死」。

——— 原刊於《人生》雜誌456、457期（2021年8、9月）

# 4 善護「腹腦」與
飲食教育

拙文〈好人好心「腸」〉（《人生》雜誌 2010
年 9 月）提到：《讀者文摘》2010 年 7 月號介紹
了蔡英傑博士的《腸命百歲》，書中提到專門研
究腹部神經系統的美國哥倫比亞大學麥克・傑森
（Michael Gershon）教授，他將腸道神經系統稱為
「第二腦」（參考 1999 年出版的《第二腦》*The
Second Brain*）或「腹腦」。

最近，我從紀錄片串流頻道 Magellan TV 觀
賞到科普影片《腸：我們的第二個腦》（*The Gut:
Our Second Brain*），介紹傑森教授的觀點，以及
2012 年由歐洲委員會資助大型跨國（8 個國家的
15 個研究所）之人體腸道總體基因體學研究計畫
（Metagenomics of the Human Intestinal Tract, Meta
HIT）。還有，研讀蔡英傑博士《腸命百歲》
2、3 集的大作，學習到「腸—腦軸」（Gut-Brain

axis），以及新的「菌—腸—腦軸」（Microbiota-Gut-Brain axis, MGB）的醫學觀念。

## 腸—腦軸

專家們說：腸道壁約有 2 至 5 億神經元，運用占全身 95％的血清素、占全身 50％的多巴胺（此兩類是快樂因子），以及數十種的神經傳導物質，讓「腹腦」類似大腦，能讓相關細胞之間相互溝通、表達情緒，以便讓受許多內外因素影響的消化系統順利運作，現場即時因應處理。例如：當食物不新鮮時，腸道可感知問題，立刻啟動逆行蠕動模式，將腸道食物，逆推入胃，由食道中嘔吐。

若有腸道無法處理的問題，則經由迷走神經上傳大腦，可能引發悲傷、快樂、壓力，甚至影響記憶、學習、判斷。食欲的啟動與控制就是「腸—腦軸」的實例，厭食症、暴食症、盛行率近 20％的腸躁症（有壓力時，會腹痛、便祕或腹瀉），乃至憂鬱症、自閉症等神經心理問題，都是「腦—腸軸」失衡的結果。

目前，醫學界也發現從腸道神經系統之相對容易與安全的切片檢查，可以早期發現巴金森氏症、

阿茲海默症等神經退化性疾病，或自閉症等精神性疾病，以便提供早期且有效的治療。

## 菌—腸—腦軸

不過，當科學家們深究為什麼腸道會影響代謝、免疫、精神等機能時，似乎難以只用「腸道有複雜的神經系統、是最大的免疫器官」等說法來解釋。21世紀初，由於次世代DNA定序技術（NGS），了解「腸—腦軸」的各種生理功能是由腸道菌扮演關鍵角色，因此產生「菌—腸—腦軸」的用詞。

最新估計，若是70公斤的人體，全身細胞總數有3.0×1013，但細菌總數卻有3.8×1013，且大部分是在腸道。約1000種的腸道菌中，好菌占10～20％，壞菌占20％，中性菌（伺機變好變壞，端視何者占優勢）占60～70％。因此腸道健康方法之一是以膳食纖維或異麥芽寡醣養好菌，或從口服益生菌來補充好菌。

2004年，日本須藤信行教授提出腸道菌影響神經系統的證據，且證明在生命早期就導入正常的腸道菌，影響較大。2011年，美國貝蒂·戴蒙

（Betty Diamond）教授發表論文〈大腦發育需要腸道菌〉。之後，愛爾蘭的約翰‧克蘭（John Cryan）和狄摩西‧狄蘭（Timothy Dinan）兩位教授等人提出「精神益生菌」（Psychobiotics，例如：雙歧桿菌及乳桿菌屬）的用詞，因為它們對憂鬱、躁鬱、腸躁症有效。

　　根據研究，腸道菌叢與大腦之間可能有五種溝通途徑：1.「腸—腦軸」的神經網絡，2. 神經內分泌—下視丘—腦垂腺—腎上腺（HPA）軸，3. 腸道免疫系統，4. 腸道細菌合成的神經傳導物質和神經調節物質，5. 改變腸道粘膜屏障與腦血管屏障功能。因此，有科學家提出：腸道菌叢是「第三個腦」的觀點。

## 避免大腦與腹腦衝突的飲食習慣

　　《雜阿含經》卷 27：「譬如身依於食而得長養，非不食。如是七覺分依食而住，依食長養，非不食。」將七覺分修行的消長，以「身依於食」作譬喻，說明消化是維持生命的基本功能，咀嚼吞嚥、消化道蠕動、血流速度改變、離子吸收、消化液與激素分泌、排便調控等「能量與物質」的進出

與轉化，消化道分段交互收縮放鬆，這些都需要腸道神經系統調控，是辛苦且精密的工作，不次於大腦「心識」的進出與轉化。此外，還需面對如此多數的腸道菌，腸道是嚴苛的環境，小腸上皮細胞的壽命約 1 至 5 天。所以，如何養成健康的飲食習慣，善護「腹腦」可說是飲食教育的重點之一。

大腦的重量雖只占體量的 2% 左右，但是所消耗的能量卻占全身消耗能量的 20%，特別是在交感神經（快板節奏）在白天較活躍，耗能生力，以應付工作或緊急狀況。副交感神經（慢板節奏）在用餐與晚上較活躍，消化食物蓄能，以利休息或修補器官。

但是，現代人覺得用餐時間無聊，匆忙吞嚥，想節省下時間來做其他事情。或邊吃邊追劇；或邊吃邊滑手機，忙於回應 FB 或 LINE 等社群網站；或邊吃邊開會，一心多用。其實這些習慣會讓大腦搶用腹腦的資源，同時也抑制副交感神經，快慢節奏失調，容易造成消化不良、便祕、缺乏食欲、血壓上升、胃脹等副交感神經障礙等症狀，乃至讓「菌—腸—腦軸」失調，影響代謝、免疫、精神等機能。

所以，《腸：我們的第二個腦》影片將善護

「菌—腸—腦軸」視為生命內在環境保護，或可稱為「心腹環保」，值得我們關心與實踐。

———— 原刊於《人生》雜誌444期（2020年8月）

善護「腹腦」與飲食教育

# 四食知量，定慧成就

　　拙文〈佛教禮儀的「問訊」是問什麼？〉（《人生》雜誌 2018 年 12 月）提到：問「安樂」：「少病少惱，起居輕利，安樂住不？」包含了《瑜伽師地論》卷 88 之四句 [A] 至 [D]、五問 [1] 至 [5]、五詞（1）至（5）的如下內容：

　　[A] 少病不者，此問 [1] 不為嬰疹惱耶？

　　[B] 少惱不者，此問 [2] 不為外諸災橫所侵逼耶？

　　[C] 起居輕利不者：此問 [3] 夜寐、得安善耶？[4] 所進飲食、易消化耶？

　　[D] 有歡樂不者？此問 [5] 得（1）存養、（2）力、（3）樂、（4）無罪、（5）安隱而住。

# 於食知量：安隱而住／安樂住

　　其中，第五問之五詞（1）存養至（5）安隱
而住（對應於問「安樂住」），是引用《瑜伽師地
論‧聲聞地》卷23（《大正藏》第30冊，410c7-
12）「於食知量」的解釋：「飲食已，壽命得存，
是名（1）存養。若除飢羸，是名為（2）力。若斷
故受（未食前之飢餓），新受不生（避免過飽產
生新的感受），是名為（3）樂。若以正法追求飲
食、不染不愛，乃至廣說（亦不耽嗜、饕餮、迷
悶、堅執、湎著）而受用之，是名（4）無罪。若
受食已，身無沉重，有所堪能，堪任修斷，如前廣
說，如是名為（5）安隱而住。」

　　對於（5）「安隱而住」完整的說明是在前（如
前廣說）之卷23（《大正藏》第30冊，410b10-
17）：「云何名為為攝梵行受諸飲食？謂知其量受
諸飲食，由是因緣，修善品者，或於現法、或於此
日，飲食已後，身無沉重，有所堪能，堪任修斷；
令心速疾得三摩地；令入出息無有艱難；令心不為
惛沉睡眠之所纏擾。由是速疾有力有能，得所未
得、觸所未觸、證所未證。如是名為為攝梵行受諸
飲食。」

從此可知「於食知量」的習慣，有助於「梵行」（離欲清淨行）的原因是：飲食不過量，身心輕安（不沉重），堪能對治修道所應斷的煩惱，容易獲得禪定（三摩地），乃至有能力證得涅槃。為何「於食知量」的習慣與「戒、定、慧」等解脫道有關？這或可從佛教「四食」教義來體會。

## 四食：摶食、觸食、思食、識食

所謂「四食」是四種維持生命存續的營養，包含：1. 飯菜類維持體力的食物、2. 六根（感官）與六境相觸之感覺滋養、3. 求生的意志力、4. 維持各種生命機能的心識根源。《雜阿含經》卷 15 有 8 部（編號 371-378）經討論「四食」，例如：[375]「……世尊告諸比丘：有四食，資益眾生，令得住世、攝受長養。何等為四？一者、摶食，二者、觸食，三、意思食，四者、識食。諸比丘！於此四食有貪、有喜、則有憂悲、有塵垢；若於四食無貪、無喜，則無憂悲，亦無塵垢……」

但我們若對這四類維持生命存續的營養，不能如實觀察，則容易被「貪、喜」所染汙。因此，《瑜伽師地論》卷 94 解說：「於四食中，有漏意

會思食因緣，專注希望俱行喜染名『喜』；隨順樂受觸食因緣，於能隨順喜樂諸食，多生染著名『貪』。」換言之，上述「四食」之「2.隨順快樂感受之六根（感官）與六境相觸之感覺滋養」，容易讓我們產生「貪」；「3.求生的意志力」則容易讓我們產生「喜」。因此，我們需要如實觀察「四食」無常、無我性，保持適當的警覺性，於食知量，避免產生「貪、喜」染執。

## 觸食之貪

這種隨順快樂感受之「2.六根（感官）與六境相觸之感覺滋養（觸食）」，容易讓我們產生「貪」的情況，有時勝過我們對「1.飯菜類維持體力的食物」。

此外，廢寢忘食地「追劇」、沉迷於上網、電玩、社群網站，乃至閱讀過度、工作過勞等現代人的生活習慣，也是「觸食之貪」的實例，可見「於食知量」是有助於身心健康，乃至「戒、定、慧」等解脫道的生活習慣。

如何控制「觸食之貪」？養成調和「空有、動靜、鬆緊、快慢……」生活節奏，於「觸食」知

量。例如：於工作或日常生活中，設定 25 分鐘（也可微調）為一個工作或生活時程（請參「番茄工作法」Pomodoro Technique 或拙著《校長的番茄時鐘》），至少休息 5 分鐘，補充水分，讓眼睛等六根（感官）休息，也可藉由體操、太極拳、瑜伽、原地跑步等容易讓身體與注意力如實對話的「觸食」，減低觸食之貪，有益健康以及定慧成就。

如此，除了可以避免同一個姿勢太久等問題，造成肌筋膜鬆緊失調的問題之外，也預防引發焦慮緊張，乃至動作協調能力減弱而伴隨注意力缺失，而且如認知神經科學所提倡的：鍛鍊身體的同時，也在鍛鍊大腦。

————— 原刊於《人生》雜誌 453 期（2021 年 5 月）

# chapter 3

# 禪觀自在大智慧

# 無常、無我、寂滅之生命節律

　　英國腦神經科學、美國加州大學柏克萊分校「人類睡眠科學中心」創辦人馬修‧沃克（Matthew Walker）之科普著作 *Why We Sleep: The New Science of Sleep and Dreams*（2017 年，中譯本《為什麼要睡覺？：睡出健康與學習力、夢出創意的新科學》，2019 年），2019 年 7 月，敝人開始研讀，獲益良多。

## 生命本能節律

　　2020 年 4 月 24 日，敝人受邀到金門大學為該校「僑領講座」以「為何要睡覺？睡眠與禪定」為題演講。敝人在準備此演講時，體悟到：2019 年刊登於《人生》雜誌拙文〈晝夜作息與生死自在〉（2 月、426 期）、〈睡眠四階段與四禪〉（3 月、

427 期）兩篇；其實，前者是《為什麼要睡覺？》書中所述「近日節律」（circadian rhythm）生物的晝夜生理時鐘，後者是「短日節律」（ultradian rhythm）」的「非快速動眼期」與「快速動眼期」睡眠週期。

我們若能善用這些生命本能節律，對於學習「無常、無我、寂滅」的佛教「三法印」，應是很好的本有資源，猶如禪宗《景德傳燈錄》卷 28：唐朝大珠禪師（生卒年不詳）向馬祖道一（709～788）求佛法，道一和尚回答：「汝自家寶藏（心性本來清淨）一切具足，使用自在，不假外求。」的意義。

## 近日節律

《為什麼要睡覺？》第 2 章提到：1729 年，法國地球物理學家德梅洪（Jean-Jacques d'Ortous de Mairan）將含羞草置於暗箱裡觀察，發現沒有白天與黑夜的光照變化，含羞草葉子也可自主地伸展與收合，似乎在植物體內有 24 小時節律器，不需要外界線索（例如日光）就可以反應晝夜的變化。

1938 年，美國芝加哥大學的克萊德門

（Nathaniel Kleitman）教授和助理李查生（Bruce Richardson）進入肯塔基州的猛獁洞（Mammoth Cave，地球上最深長的洞穴之一，終年黑暗無光）中生活 31 天，發現他們表現出大約比 24 小時稍長的節律：一段約 15 個小時的清醒，伴隨著一段約 9 小時的睡眠。於是睡眠科學有了「近日節律」（circadian rhythm，circa 之意是「近似」，dian 衍生自 diam，意思是「一日」）的新術語，此晝夜節律，也稱為「自主生理時鐘」（free running）。

1980 和 1990 年代的研究發現，此節律的 PER 基因藉由生成 PER 蛋白質進行負回饋調控，2017 年諾貝爾醫學獎因此頒給三位科學家，表揚他們闡明「近日節律」（生理時鐘）的分子機制。

由於「近日節律」比 24 小時稍長，生命需要藉由日光（環境中最可靠的重複訊號）同步（entrainment），讓自己不管是清醒與睡眠，以及各種內在活動（如自律神經系統、代謝速率、體溫、情緒等）或外在活動（如攝食、行動等），都能協調於地球自轉造成的規律明亮（面對太陽）與黑暗（背對太陽）。但是在現代社會卻容易被人造光（特別是藍光，例如電子螢幕）打亂而延後睡眠機制。

我們若能多了解睡眠科學，善體驗亙古演化之基因調控的生理時鐘（晝夜之近日節律），有助於身心健康乃至「無常、無我、寂滅」生死自在的學習。

## 晝夜白鼠嚙枯藤，不貪世樂觀無常

對於晝夜之近日節律與無常的覺察，《眾經撰雜譬喻》卷1：

> 一切眾生貪著世樂，不慮無常，不以大患為苦。譬如昔有一人遭事應死，繫在牢獄，恐死而逃走。國法若有死囚踰獄走者，即放狂象令蹋殺，於是放狂象，令逐此罪囚。囚見象欲至，走入壙井中，下有一大毒龍，張口向上，復四毒蛇在井四邊，有一草根，此囚怖畏，一心急捉此草根，復有兩白鼠嚙此草根，時井上有一大樹，樹中有蜜，一日之中，有一滴蜜墮此人口中，其人得此一滴，但憶此蜜不復憶種種眾苦，便不復欲出此井。是故聖人借以為喻：『獄者三界，囚眾生，狂象者無常，井眾生宅也，下毒龍者地獄也，四毒蛇者四大也，

草根者人命根也，白鼠者日月也，日月剋食人命，日日損減，無有暫住，然眾生貪著世樂不思大患。」是故行者當觀無常，以離眾苦。

此中，所謂「白鼠者日月也」是譬喻日光與月光之晝夜交替，猶如兩隻白鼠囓枯藤（人命），我們若能對於如蜜的世樂（特別是夜生活之玩樂、熬夜上網或追劇）提高警覺，從本能節律，生厭離心，不貪欲樂，則如《雜阿含經》卷1：「世尊告諸比丘：『當觀色無常。如是觀者，則為正觀。正觀者，則生厭離；厭離者，喜貪盡（離欲）；喜貪盡者，說心解脫。』」

也如《佛說處處經》：「佛語比丘：『當念身無常。』有一比丘即報佛言：『我念非常，人在世間極可五十歲。』佛言：『莫說是語。』……復有一比丘言：『可呼吸間。』佛言：『是也。』佛言：『出息不還則屬後世，人命在呼吸之間耳。』」其實，生滅節律無所不在，年四季、月圓缺、日晝夜乃至「人命在呼吸之間」節律，一切有為法剎那生滅無常，是變易法、苦、不自在，則「無我」；若「無我」，則「誰生？誰滅？」，則可悟入無生無滅之寂滅涅槃，《增集續傳燈錄》卷

6則說：「一雙白鼠嚙枯藤，家山咫尺無行路。」
或也作為鼠年警語。

———— 原刊於《人生》雜誌442期（2020年6月）

# 睡眠之短日節律與《六祖壇經》之自性與動用三十六對 2

　　本書中〈無常、無我、寂滅之生命節律〉一文提到馬修・沃克（Matthew Walker）的著作《為什麼要睡覺？》，提及「近日節律」（circadian rhythm）生物的晝夜生理時鐘、「短日節律」（ultradian rhythm）之睡眠週期。對於「近日節律」，該文已有論述，本文將對於「短日節律」快慢腦波的相對性，與《六祖壇經》之自性與動用三十六對作聯想，野人獻曝，聊以助興。

## 從嬰兒實驗學到的事：短日節律

　　《為什麼要睡覺？》第 3 章提到：1952 年，美國芝加哥大學的阿瑟林斯基（Eugene Aserinsky）和克萊德門（Nathaniel Kleitman），前者當時是研究生，後者是於 1938 年與助理進入肯塔基州的猛獁

洞中生活 31 天，發現所謂「近日節律」（大約比 24 小時稍長的節律：約 15 個小時清醒，與約 9 小時睡眠）之「自主生理時鐘」聞名的教授。

阿瑟林斯基的研究發現嬰兒在睡眠中，有某些時段，眼皮下的眼球會快速左右移動，並伴隨著幾乎與清醒時一樣活躍的腦波活動。但在這種活躍睡眠階段前後，卻是大段眼球靜止不動與腦波緩慢平和的時期。換言之，在夜裡，快慢腦波與眼球運動有無之兩種睡眠期，規律性地反覆交替發生。他的指導教授克萊德門再以自己的小女嬰伊絲特（Ester）作為研究對象，也發現了同樣的結果。

目前，睡眠醫學了解到：人類睡覺時，會以「非快速動眼期」（Non-rapid Eye Movement, NREM）與「快速動眼期」（Rapid Eye Movement, REM）睡眠之兩種不同的形式重複循環 4 到 5 次（每個循環約 1.5 小時），因為短於 24 小時，長於 1 小時，故稱為「短日節律」（ultradian rhythms）。

## 相對性節律的生命意義

前者（NREM）以睡眠深淺度再分四階段

（2007 年，美國睡眠醫學會將第三、第四階段合為一階段，只分三階段），常人第三、四階段之後，回到第二階段，不會回到容易被吵醒的第一階段，直接進入快速動眼期睡眠，形成一個循環。後者（REM）之腦部活躍狀況幾乎和清醒時一樣，或可說是大腦的玩耍時間，也是生動鮮明的夢境發生階段，常稱為夢境睡眠（dream sleep），但為能「安全」作夢，身體卻近於癱瘓狀況，以免傷己傷人，因此，有時夢醒時，會覺得身體暫時動彈不得，俗稱「鬼壓床」。

　　為何睡眠時有此快慢相對性節律？《為什麼要睡覺？》提到有個理論說：這是重塑及更新神經網路的必要過程。睡眠初期比例較高的深度非快速動眼睡眠，可以淘汰、清除不需要的神經連結。相對地，快速動眼睡眠的做夢階段在後半夜占重要分量，具有加強連結的功能，因此可以妥善管理腦中有限的儲存空間。由於生命經驗會每天不斷改變，我們的記憶儲存也必須不斷更新，由自傳式經驗組成的記憶塑像永遠沒有完成的一天。因此，我們的腦永遠需要下一回合的睡眠及其中的各個階段，才能把每天的事件自動更新到記憶網路中。

# 《六祖壇經》之自性與動用

對此快慢「相對性」的生命節律，或許讓我們聯想到《六祖壇經》的〈付囑第十〉之自性與動用三十六對的教導：「吾今教汝說法，不失本宗：先須舉三科法門，動用三十六對，出沒即離兩邊。說一切法，莫離自性。忽有人問汝法，出語盡雙，皆取對法，來去相因。究竟二法盡除，更無去處。」

對於說法的原則，六祖惠能大師對門人最後的付囑，先以「三科法門」（五陰、十二入、十八界；略廣不同身心組合的分類），教導不同根機（或愚於身體、或愚於心識、或愚於心理作用）的眾生，觀察如下三類「動用三十六對」：

**（一）外境無情的五對**

天地、日月、暗明、陰陽、水火。

**（二）語言法相的十二對**

有為無為、有色無色、有相無相、有漏無漏、色空、動靜、清濁、凡聖、僧俗、老少、長短、高下。

**（三）自性起用的十九對**

邪正、癡慧、愚智、亂定、戒非、直曲、實虛、嶮平、煩惱菩提、慈害、喜瞋、捨慳、進

退、生滅、常無常、法身色身、化身報身、體用、性相。

從這些宇宙萬物各種相依相因的來去生滅相對性的法則，發揮不執著兩邊的運用，破除對「自我」是恆常不變的執著，體悟「自性」（佛性、法性、空性、自心、本心）的生命意義。

## 身心調和「相對性」五事

拙文〈從禪修、腦科學談身心調和五事〉（I）、（II）（《人生》雜誌 2018 年 7、8 月）從隋代智者大師《修習止觀坐禪法要》，以及認知神經科學觀點，說明調合 1. 動靜、鬆緊等「身體」變化，2. 出入、長短等呼吸（息）變化，3. 自他、生滅「念」，4. 苦樂、上內「受」，5. 順逆「想」等「相對性」的生命節律，或許可對應《大念處經》每階段禪修反覆觀察內（自）外（他），生滅等面向，消除各種分別心，減少對世間的貪著，體悟萬法平等一體，這也是禪宗「見性」之方便法門。

——原刊於《人生》雜誌 443 期（2020 年 7 月）

# 3 四大與原子說之觀想

## 落日觀：四大散向四方

佛典《觀無量壽經》提到：韋提希王后之親生子阿闍世為奪王位而幽閉父王，欲令餓死；她想營救，卻也被禁，愁憂憔悴，厭離惡世，求佛教導。於是佛陀教她以「落日觀」作為觀察「西方極樂淨土」的禪定方法：「專心正坐西向，觀落日如懸鼓。」西方落日的景象可以作為「白天辛苦工作，傍晚回家休息」的情境。

一般而言，交感神經在白天較活躍，耗能產生精力，以應付工作或緊急狀況。副交感神經在用餐與晚上較活躍，消化食物蓄能，以利休息或修補器官。因此，「落日觀」平時可作為「放下萬緣，養精蓄銳」的觀想意象；臨命終時，也能作為觀想「死亡」猶如「回歸自然的家鄉」的體會。

唐朝善導大師在《觀無量壽佛經疏》以「四大散向四方」的觀察法，來輔助「落日觀」的修行：

> 又令觀身四大內外俱空，都無一物。身之地大皮肉筋骨等，心想散向西方盡西方際，乃至不見一塵之相。又想身之水大血汗津淚等，心想散向北方……又想身之風大，散向東方……又想身之火大，散向南方……又想身之空大，即與十方虛空一合……又想身之五大皆空，唯有識大，湛然凝住，猶如圓鏡，內外明照朗然清淨。作此想時，亂想得除，心漸凝定，然後徐徐轉心諦觀於日。

如此的觀想法，平時可以消除亂想，身心輕安，意凝心定；臨終時，對於身體「四大」散解的狀態，不恐慌、不執著，安處於自然分解的過程中。

依據《大毘婆沙論》：「堅是地相，持是地業。濕是水相，攝是水業。煖是火相，熟是火業。動是風相，長是風業。」此說明「地」即物質的堅性，有任持作用；「水」即物質的濕性，有攝聚作用；「火」即物質的煖性，有熟變作用；「風」為

物質的動性，有增長作用。

## 四元素與鍊金術

　　蘇卡奇（John Suchocki）在《觀念化學 I 基本概念‧原子》提到：古希臘哲人亞里斯多德（Aristotle，西元前 384 ～ 322 年）認為，所有的物質都是由「熱、冷、乾、濕」四種基本特性以不同比例組合而成的，例如：濕黏土受火加熱，其濕性轉化為乾性，變成硬的陶器。此四種特性的結合，產生四個基本元素：熱和乾構成「火」，濕和冷構成「水」，熱和濕構成「氣」，而冷和乾構成「土」。

　　相對上述之佛教運用「四大」的特性作為解脫修行方法，許多地區發展的「鍊金術」，則運用各種四元素（或五行）的理論，想改變物質裡面基本特性的比例，來轉化物質。例如：把常見的金屬（例如：鉛、銅）轉變為黃金，或做出長生不死的仙丹來。

　　現代科學已知：金是原子序 79 的金屬元素，而非化合物，因此鍊金術是不可行的。但鍊金術士確實累積許多與化學品有關的知識，認識多種天然

礦物，也發展出很多有用的實驗器具與技巧。

## 極微、原子與「無我」觀

　　印度哲學與佛教思想有所謂「極微」是組成一切物質（色）的最小單位的學說。例如《大毘婆沙論》卷 136：「應知極微是最細色，不可斷截、破壞、貫穿、不可取捨……無有細分、不可分析、不可覩見、不可聽聞、不可嗅嘗、不可摩觸，故說極微是最細色。」並提出物體積聚之如下度量單位：「此七極微成一微塵。是眼（根）眼識所取色中最微細者……七微塵成一銅塵……七銅塵成一水塵……七水塵成一兔毫塵……二十四指節成一肘……八俱盧舍成一踰繕那……如是名為色之分齊。」

　　古希臘哲人德謨克利圖斯（Democritus，西元前 460 ～ 370 年）從水氣蒸發，以及香味傳遞等觀察與體驗，提出原子論，認為：物質的各種性質都是由組成原子的特性來決定的。但由於亞里斯多德的盛名，而且四元素比較符合人類的常識經驗，此原子論沉寂近兩千年。直到英國科學家道耳頓（John Dalton, 1766 ～ 1844）基於拉瓦錫（Antoine-

Laurent de Lavoisier, 1743 ～ 1794）、 普 魯 斯 特
（Joseph Proust, 1754 ～ 1826）等人的實驗成果，於
1803 年，重提德謨克利圖斯的原子論，奠定現代化
學的開展基礎。

　　《觀念化學 I》提到：如今，我們知道絕大部
分原子來源，都與宇宙的創生與恆星的生滅有關。
絕大部分的亙古存在之原子，以不同形式在宇宙裡
循環，我們都是「星塵」。因此，構成你身體的原
子，並不是你的，你只是暫時借用、保管而已，以
後還會有無數個原子的「保管人」。原子非常小，
因此，在你呼出的每一口氣裡，就有百億兆個原
子，甚至超過地球大氣層裡生物呼吸的次數。不用
幾年，你吐出的氣會均勻地混合在大氣裡，也就是
地球上，任何地方的任何人，當他吸一口氣時，就
會吸到你由體內吐出的原子，反之亦然，你所吸的
每一口氣中的原子，也一樣是別人體內吐出的一部
分。不誇張地說，我們彼此都在呼吸著對方，彼此
互相依存。

　　我們可善用此作為佛教「無我」平等相依的觀
想方便，開展解脫道與菩薩道。

───── 原刊於《人生》雜誌 445 期（2020 年 9 月）

# 「自他交換」的實驗與菩薩行

## 「自他交換」的實驗

「想像在別人的身體中醒來會有什麼樣的感覺？」

這可能是孩童的幻想，或是科幻作品中「交換身體」的情節。瑞典卡羅林斯卡學院（Karolinska Institutet）認知神經科學家帕維爾‧塔奇科夫斯基（Pawel Tacikowski）的團隊，將它變成研究主題，在《科學》（*iScience*, 2020）期刊發表〈我們對自己身體的感知會影響自我概念，自我不連貫會削弱情節性記憶〉（"Perception of Our Own Body Influences Self- Concept and Self-Incoherence Impairs Episodic Memory"）研究成果，顯示自我意識和記憶都會出現一些轉換，似乎大腦正嘗試適應對新身體的認知，這提供有趣的角度來探究身體與心理間聯

繫關係。

　　此實驗，徵求三十二對朋友，通過頭戴式顯示器，可看到放置在「自或他」頭頂上的攝像頭的實時紀錄。如此，可從通常看自己身體的角度來看「自或他」的身體。同時，實驗者對兩位參與者的相應身體部位進行「同步或非同步（延遲 3 秒顯示）」觸碰。

　　實驗只進行了幾分鐘，研究者注意到受試者的意識，已被誘導投入在交換身體的情境中：當其中一人受到仿製刀的威脅時，另一人也會有強的皮膚電導反應（例如：流汗）。而且，受試者在風度、開朗、自信等人格特質的評估測試，也變得更像朋友，而不是自己。

　　實驗也發現：那些更願意接受「自他交換身體」、自我感知顯著轉換為朋友的人，在情節記憶測試中表現得更好。研究者推測：可能是因為他們的「自我不連貫」感受較低，換言之，即使自我和身體的感覺已經轉變，自我意識和身體之間的差距也較小。這種不連貫性似乎干擾了我們對情景記憶的編碼方式。

# 虛擬或擴增實境（VR／AR）與禪觀

這種運用頭戴式顯示器來誘導「感同身受」的實驗，類似現代科技「虛擬或擴增實境」（VR／AR）的體驗，也與禪觀有關。拙文〈虛擬實境與禪觀——「勝解作意」〉、〈擴增實境與禪觀——「真實作意」〉（《人生》雜誌 2005 年 9、10 月）提到：

以不淨觀禪定為例，修行人由「『勝解作意』力故，令所觀骨鎖，漸增漸廣，遍滿一床……一國乃至大海邊際所有大地，皆為白骨周匝遍滿。復以『勝解作意』力故，從彼漸略，捨大地骨，觀於一國……復捨一床所有骨相……乃至最後……繫念眉間。」（《大毘婆沙論》卷 166）如是不淨觀以廣略觀察自在的假想力，來對治貪欲。

但是，真實世界中貪欲等煩惱境界無量無邊，不只是色身而已。我們應該進入「真實作意」，觀察萬物的自相（本質：色的本質是變礙相，受的本質是領納相，想的本質是取像相，行的本質是造作相，識的本質是了別相……）、共相（共通的原理：無常、苦、空、無我……），及真如相（不生不滅、不垢不淨、不增不減……），才能引生真實智慧，普遍地斷盡煩惱。

# 「自他交換」的菩薩行

「自他交換」的實驗，似乎在佛教的修行也可以參考與運用。例如：對於初期佛教《大念住經》每段「反覆」（refrain）觀察段落之第一個關鍵層面「內、外、俱」的解釋，佛教注釋書將「內在的」與「自身」對應、「外在的」與「他人」對應、「內外俱」與「自他平等」對應。

寂天（Śāntideva，八世紀初）菩薩的《入菩提行論》對於菩薩行的開展，提到「自他平等」的觀修：「首當勤觀修，自他本平等；避苦求樂同，護他如護己（90偈）」、「手足肢雖眾，護如身則同；眾生苦樂殊，求樂與我同（91偈）」、「如是修自心，則樂滅他苦，地獄亦樂往，如鵝趣蓮池（107偈）」，如是開展「赴湯蹈火」在所不惜的決心與歡喜（意樂）之菩薩行的妙訣，是「自他交換」：「若人欲速疾，救護自與他，當修自他換，勝妙祕密訣（120偈）」。

阿底峽（Atīśa, 982～1054）尊者將此「自他交換」的觀修傳入西藏佛教，發展為以「給與他人樂，代受他人苦」的心態，配合呼吸的進出，例如「呼樂與他、吸他苦受」、「呼菩提光照他、吸他

人惡業苦」等觀想。

　　唐朝，華嚴宗祖師們，例如澄觀（738～839）的《華嚴經行願品疏》卷10，對於《華嚴經》卷40之「代眾生苦」的「法供養」修行，認為有七種意義：

　　一是菩薩只要能生起悲憫眾生的心意與愛樂，就已超越凡夫境界，事實上未必能「代眾生苦」。

　　二、三是屬於間接因緣，例如：教導眾生不造惡業，沒有惡因，則沒有苦果；但教導之準備或過程，菩薩需修苦行或受苦。

　　四、五是菩薩以捨身因緣，真實代眾生受苦。

　　六、七是「理觀」，觀察菩薩大願與眾生苦都是空性，或「法界為身，自他無異。眾生受苦，即是菩薩」。總之，「約有緣方能代耳」。

　　在虛擬或擴增實境與網際網路可以交互融合的世界，所帶來正面或負面的「苦樂」影響更為巨大。對於「自他交換」的運用，或是認知神經科學的實驗，或是佛教的實修，如何體會「同一法身／色身」而利人利己？值得我們深思。

「自他交換」的實驗與菩薩行

# 佛與佛弟子涅槃之心理歷程：師子奮迅三昧

　　2021 年 12 月 11 日，「臺灣臨床佛學研究協會會員大會暨臨床佛學學術研討會」邀請敝人演講，建議主題為「佛教經典中對於死亡心理歷程的描述」，希望讓照顧者或是被照顧者了解所謂「善終的心理素質」，特別是社經地位有成之高齡族群，或五十歲左右的夾心餅乾族。

## 臨終關懷之心理調適

　　對此「死亡心理」議題，《牛津緩和醫學教科書》（*Oxford Textbook of Palliative Medicine*）第 6 版（2021）「19.4 告知實情與同意」（Truth telling and consent）之「心理學觀點」段落，介紹「重整模式（The Reintegration Model）」（Linda Emanuel〔琳達‧伊曼紐爾〕等人，2007 年；Sara J. Knight

〔莎拉‧奈特〕和 Emanuel，2007 年）所概述調整過程：個人適應疾病時會發生重複循環，包括理解（comprehension，了解所喪失，驚恐、麻木、悲傷、焦慮）、創造性適應（creative adaptation，嘗試在新環境中生活的替代方案）和重整（reintegration，鞏固修改後的存在方式）。為了有效臨終關懷，健康照護團隊需要能夠識別和預測調整階段，例如伊莉莎白‧庫柏勒—羅絲（Elizabeth Kübler-Ross）醫師 1969 年出版的《論死亡與臨終》（*On Death and Dying*）一書中提出「哀傷的五個階段」（Five Stages of Grief：否認、憤怒、磋商、沮喪、接受），以協助病患與家屬緩和病苦，改善生活品質。

此外，陳慶餘教授等人（2003）發表「癌末病人死亡恐懼影響因素之分析」，發現病患接受緩和醫療照顧，死亡恐懼程度隨住院時間及生命的結束而降低。夏允中、越建東教授（2012）論文，介紹顏志龍博士反思西方文化脈絡之「恐懼管理理論」（Terror Management Theory, TMT）之心理學研究現狀，提出「以佛教的死亡本質及生命無常觀點來探討死亡恐懼」研究，於「四、死亡的原因與根源」提到「十二因緣：無明→行→識→名色→六

入處→觸→受→愛→取→有→生→老死」之如下三個重點：1. 老死與愁、悲、苦、憂、惱合在一起，乃是說明生命總體的苦痛是以老死作為核心代表的；2. 造成老死最近的原因，為「生」；3.「生」的生起，又是緣於一系列其他的條件，如「愛」、「取」等，乃至可推到最起始的「無明」，因此，「無明」可作為老死最遠卻又是最根本的原因。

## 十二因緣之老死與佛陀之悟道

對於「十二因緣」的「順（生死流轉）逆（涅槃還滅）」觀察也是佛陀悟道之前所觀察內容，《雜阿含經》卷 12 · 287 經：

世尊告諸比丘：「我憶宿命未成正覺時，獨一靜處，專精禪思，作是念：『（生死流轉）何法有故老死有？何法緣故老死有？』即正思惟，生如實無間等，生有故老死有，生緣故老死有。如是有、取、愛、受、觸、六入處、名色……謂緣識名色，緣名色六入處，緣六入處觸，緣觸受，緣受愛，緣愛取，緣取有，緣有生，緣生老病死憂悲惱苦……我時作是念：

『（涅槃還滅）何法無故則老死無？何法滅故
老死滅？』即正思惟，生如實無間等，生無故
老死無，生滅故老死滅，如是生、有、取、
愛、受、觸、六入處、名色、識、行……」。

## 悟道與涅槃之禪法：<br>四禪、師子奮迅三昧

　　佛陀在菩提樹下、吉祥草座悟道時之禪法，是
運用他幼年之「初禪乃至四禪」經驗，如《增壹阿
含經》卷 23〈增上品 31.8〉所述：

　　我自憶昔日，在父王樹下無婬、無欲，除
　　去惡不善法，遊於初禪；無覺、無觀，遊於二
　　禪；念清淨無有眾想，遊於三禪；無復苦樂，
　　意念清淨，遊於四禪。此或能是道，我今當求
　　此道……爾時，吉祥躬自執草詣樹王所。吾即
　　坐其上，正身正意，結加趺坐，計念在前。爾
　　時，貪欲意解，除諸惡法，有覺、有觀，遊志
　　初禪；有覺、有觀除盡，遊志二、三禪；護念
　　清淨，憂喜除盡，遊志四禪。

最後，佛陀也是從「四禪」而入涅槃，如《長阿含經》卷 4《遊行經》：

於是，世尊即入初禪定，從初禪起，入第二禪；從第二禪起……；入滅想定。……阿那律言：……我昔親從佛聞，從四禪起，乃般涅槃……從第一禪起，入第二禪；從二禪起，入第三禪；從三禪起，入第四禪；從四禪起，佛般涅槃。

於此，並沒有說明此種禪法的名稱，若根據《增壹阿含經》卷 18〈26 四意斷品〉，佛之大弟子舍利弗將「速疾入出」各階段禪定之心理歷程，名為「師子奮迅三昧」：

舍利弗……從初禪起，入二禪……；從滅盡定起，入有想無想處……入初禪；從初禪起……入第四禪。時，尊者舍利弗從四禪起已，告諸比丘：「此名師子奮迅三昧。」是時，諸比丘歎未曾有：「甚奇！甚特！尊者舍利弗入三昧，速疾乃爾。」

## 念佛迴向發願文：如入禪定

一般人或許沒有如佛與佛弟子涅槃之「師

子奮迅三昧」能力，或許可以學習宋朝遵式法師（964～1032）述《往生淨土決疑行願二門》所提倡「十念念佛」發願迴向文：「……願此十念得入如來大誓海中，承佛慈力，眾罪消滅，淨因增長。若臨欲命終，自知時至，身不病苦，心無貪戀。心不倒散，如入禪定。佛及聖眾，手持金臺，來迎接我。如一念頃，生極樂國。華開見佛，即聞佛乘，頓開佛慧，廣度眾生，滿菩提願。」也是一種臨終關懷之心理調適方法。

————— 原刊於《人生》雜誌461期（2022年1月）

# 6 解脫三經

　　對於某類文獻或主題，漢傳佛教有以特定的數目來編為套書的傳統，例如：淨土三經（《無量壽經》、《觀無量壽經》、《阿彌陀經》）、天台三大部（《法華文句》、《法華玄義》、《摩訶止觀》）、南山律宗三大部（《行事鈔》、《戒本疏》、《羯磨疏》）等；若根據《漢書》：「是故聖人重之，載於三經。」儒家也有三經（《易》、《詩》、《春秋》），如此可以方便我們作為入門或深入的依據。

　　若想學習佛教「解脫道」，初期佛教《阿含經》是重要的資源，如何選出「三經」？敝人有如下的經驗分享：

# 《中阿含經》卷10〈習相應品〉：修行次第

　　拙文〈「修行次第」的基本意義：七車喻與本性空寂〉（《人生》雜誌2005年12月）提到所謂「修行次第」，若根據《瑜伽師地論》卷92，是指：「又諸苾芻守護諸根，有慚有愧，由是因緣，恥於惡行，修習妙行。修妙行故，無有變悔。無變悔故，發生歡喜，此為先故心得正定。心正定故，能見如實。見如實故，明及解脫皆悉圓滿。當知是名修行次第。」

　　此可追溯《中阿含經》卷10〈習相應品第五〉，有16部經都有如下類似的說明：「阿難！因持戒便得不悔。因不悔便得歡悅。因歡悅便得喜。因喜便得止。因止便得樂。因樂便得定。阿難！多聞聖弟子因定，便得見如實、知如真。因見如實、知如真，便得厭。因厭便得無欲。因無欲便得解脫。因解脫便知解脫：生已盡，梵行已立，所作已辦，不更受有，知如真。阿難！是為法法相益，法法相因。如是此戒趣至第一，謂度此岸，得至彼岸。」

　　此次第可以簡化如下：

持戒→無悔→歡悅→心喜→身安（輕安）→樂→心定→如實知見→厭→離欲→解脫→知解脫（自謂：我證解脫。復起如是智見：我生已盡，梵行已立，所作已辦，不受後有。）

## 《雜阿含經》第 1 ～ 4 經：觀五蘊無常

對於上述「持戒（善習）→……→（心）定→見如實、知如真（如實知見；觀如實）→厭→離欲→解脫→知解脫」次第的「如實知見；觀如實」的內容，與《雜阿含經》卷 1 第 1 ～ 4 經有關：「如是我聞：一時，佛住舍衛國祇樹給孤獨園。爾時，世尊告諸比丘：『當觀色無常。如是觀者，則為正觀。正觀者，則生厭離；厭離者，喜貪盡（離欲）；喜貪盡者，說心解脫。如是觀受、想、行、識無常。如是觀者，則為正觀。正觀者，則生厭離；厭離者，喜貪盡；喜貪盡者，說心解脫。如是，比丘！心解脫者，若欲自證，則能自證：我生已盡，梵行已立，所作已作，自知不受後有。如觀無常，苦、空、非我亦復如是。』時，諸比丘聞佛所說，歡喜奉行。」

從此經可發展為《般若心經》「照見五蘊皆

空」的觀照，如《大智度論》卷 19 所說：「如佛告須菩提：『色即是空，空即是色；受、想、行、識即是空，空即是受、想、行、識。空即是涅槃，涅槃即是空。』《中論》亦說：『涅槃不異世間，世間不異涅槃。涅槃際世間際，一際無有異故。』菩薩摩訶薩得是實相故，不厭世間，不樂涅槃；三十七品是實智之地。」

　　換言之，從此「觀五蘊（色、受、想、行、識）無常（苦、空、非我）」的解脫道，直顯深義——涅槃（空性、真如、法界……都是涅槃的同義語），可發展為大乘菩薩道。

## 《念住經》每階段禪修反覆觀察的四步驟

　　配合上述五類身心組合之類（五蘊）的分析，佛教之修習法是「四念住」：讓「念」（注意力、記憶力）現「住」（現前觀察），而且安「住」（用心照顧）於自他的身、受、心（包含五蘊之後三類：想、行、識）、法等四方面。對此教法，有漢譯《中阿含經》之《98 經‧念住經》、「中部」的《念住經》、「長部」的《大念住經》等。

　　對此，我們熟悉「身、受、心、法」，以及

個別的觀呼吸、姿勢、行動、不淨、四大、墓園九相等禪法說明，但可能會忽略上述每個禪法之「反覆」（refrain）禪修的四個關鍵層面：1. 內、外、內外；2. 生、滅、生滅；3. 唯知與唯念；4. 無所依而住，不貪著世間。

其中，1. 內（自身）、外（他身）、內外（自他平等）之隨觀，以及 2. 生、滅、生滅之隨觀，可與上述《雜阿含經》第 1～4 經的教法結合為「觀『自他』五蘊『生滅』無常……」而相互運用。

其次，3. 是以增進「知」與「念」作為「唯一」目標，如此的「純粹覺知」，以及 4. 解脫（無所依而住，不貪著世間）或許與《大乘莊嚴經論‧述求品》如下「唯名、唯識」之禪修過程有關：見「唯名」（非色四蘊：受、想、行、識）者，唯「言說」而外境無實體……即是（見）「唯識」……此不可得即是解脫。

——— 原刊於《人生》雜誌 439 期（2020 年 3 月）

# 生死管理：「夏花與秋葉」三則

　　清明掃墓或祭祀，我們常會看到「祖德流芳」的字句，似乎是提醒：緬懷祖先意義是在於「德行」不只是「血緣」，因為道德典範的存續，才能讓家族、社會乃至人類永續發展，萬世流芳。

　　《雜阿含經》卷 24（638 經）記載「五分法身不滅」的意義：舍利弗尊者因病涅槃，其弟子純陀沙彌帶其舍利與衣缽回王舍城竹園精舍，阿難悲痛不已，釋尊安慰他，謂：「彼舍利弗，持所受戒身涅槃（息滅）耶？定身、慧身、解脫身、解脫知見身涅槃耶？」阿難白佛言：「不也。」舍利弗只是有漏因果的身心息滅，「戒、定、慧、解脫、解脫知見」五分法身不滅，聖者典範傳播十方、世代相傳。

　　這或許也是泰戈爾（1861 ～ 1941）在《漂鳥集》形容「使生如夏花之絢爛，死如秋葉之靜美」

的意境,也是敝人所謂「生死管理:生涯規劃、善終準備」的目標。

## 安寧與老人療護、社區淨土

當高齡、超高齡社會成為未來世界的常態,「比鄰若天涯」的社會關係,無論已婚未婚、有子無子,任何人需要有面臨「孤獨死」或「一個人的臨終」的準備。其實,從「諸行無常」的角度,我們更需要有「人命在呼吸之間」、「黃泉路上,獨來獨往」等覺悟。敝人於 2014 年出版之《六十感恩紀 —— 惠敏法師訪談錄》(《侯坤宏、卓遵宏訪問,國史館出版。增訂版 2015 年,法鼓文化出版)中的「捌、安寧與老人療護、社區淨土」開頭提到 20 年來參與安寧與老人療護的歷程:

於一九九八至一九九九年,我有幸與一些法師以及臺大醫院陳慶餘教授等醫護人員一起參與由蓮花基金會陳榮基董事長大力支持與贊助的「本土化靈性照顧模式」、「佛法在臨終關懷的應用」研究計畫與報告⋯⋯此外,於二〇〇五年,也應國立空中大學之邀,撰寫與錄

影《臨終關懷與實務》電視教學教材之第六章〈靈性照顧〉以及第十三章〈生命的奧秘：人生最後的 48 小時〉……

1997 年，我曾在第三屆中華國際佛學會議「人間淨土與現代社會」，發表過〈「心淨則佛土淨」之考察〉，當時的研究結論：「自他行淨＝眾生淨＞佛土淨」的淨土行，應如何落實在現代社會？到了 2004 年底，我開始認為「社區淨土」是很重要的目標，於是，有「三願六行」等呼籲，與上述的安寧與老人療護配合，推行「社區淨土」的理念與活動是我的第三個夢想實踐目標，或許也是因應「孤獨死」或「一個人的臨終」議題的方案。以下，依此「生與死、個人與社區社群」之脈絡綜整，野人獻曝三則，就教方家。

## 一 | CPR等救生學習與簽署ACP、AD 等善終準備

根據衛福部統計，國人十大死因中「心臟疾病」高居第二名，其中以突發性心跳停止居多，若急救延遲 1 分鐘，成功率將遞減 7 ～ 10％。因此，

全民學習 CPR、AED 等救生技能，以及哈姆立克等各種急救法是值得鼓勵，因為人命無常迅速，可以救人之外，也多些人可以救自己或親友，利人利己。

此外，我們也需要善用「安寧緩和醫療條例」（2000 年實施，2002 年修訂）以及《病人自主權利法》（2019 年實施），進行「預立醫療照護諮商」（Advanced Care Planning, ACP），簽署「預立醫療決定」（Advanced Decision, AD)，並註記於健保卡，讓末期病人或「醫院外心肺功能停止」的腦死者，事前表達臨終時「拒絕心肺復甦術」，避免「無效醫療」的痛苦，例如：CPR 或「延命措施」（葉克膜、升壓藥物、血管輸液、鼻胃管等），也減少醫療資源浪費，此預立意願與死亡品質或善終密切相關，也值得推廣，自利利人（參拙文〈善終準備：人生會議（ACP）與人生期末考（AD）《人生》雜誌 2019 年 4 月）。

## 二｜累積善緣、減少擁有

養成累積善緣於各種人際關係、社區社群，以及減少多餘的擁有與避免囤積物品的生活習慣。

根據 2021 年 1 月 3 日「50+ Fifty Plus」社群標

題：「有錢有孩子，仍可能孤獨死？命案現場清潔師盧拉拉：少囤物品，多積緣分」的報導，記者陳莞欣提到：擔任禮儀師多年，盧拉拉有感於孤獨死的案件逐年增加，卻少有業者有能力處理。3年多前，他和朋友共同成立「玥明特殊清潔」，是臺灣第一家非自然死亡現場清潔公司。特殊的工作性質，讓他們對於孤獨死問題有第一手的觀察。

在人們的想像中：「貧窮、沒有小孩的老人才會孤獨死。」但盧拉拉指出，孤獨死的案例中，有很高的比例是 35 至 65 歲的中壯年男性。他們多數結過婚、有小孩，經濟狀況也還足以維持生計。有時，他們甚至會在死者遺留下的垃圾堆中，找到被妥善藏好的鉅額款項。然而，有錢未必等於有尊嚴的生活。

孤獨死為什麼會發生？表面上看來，往生者的直接死因，大多是心血管疾病發作猝死、跌倒休克後無人發現，而錯過搶救時機。但盧拉拉認為，孤獨死真正的成因有三：家庭結構轉變、親緣淡薄、人際疏離。

以往，孤獨死的定義是：「獨居者往生時無人在場。」但近年盧拉拉和團隊發現，有愈來愈多的孤獨死案件，往生者並非獨居。只是人走了，同住

的家人卻沒有發現。往往清理團隊到了現場，發現客廳窗明几淨，家人生活如常。一打開往生者的房門，才發現裡頭堆滿了食物的殘渣與垃圾，臭氣沖天。一門之隔，卻是天堂與地獄之差。

如此由人際關係與個人生活習慣所造成的現象，值得我們省思。此外，日本遺物整理師小島美羽之《或許，我就這樣一個人走了：在時光靜止的孤獨死模型屋裡，一位遺物整理師重現「死亡終將造訪」的生命場景：時が止まった部屋：遺品整理人がミニチュアで伝える孤独死のはな》（陳柏瑤譯）書中，把令人不忍卒睹的孤獨死，化為精巧逼真的 8 座微縮模型屋，數百件死亡現場的共同特徵、來不及說出口的故事，皆濃縮其中，令人深思。

## 三｜剎那無常、百歲人生

我們需要有「剎那無常」的生活態度——將每一天當成最後一天、每一口氣當成最後一口氣，同時也要有因應「百歲人生」的準備，避免因醫療體系的進步，而走向只延長壽命卻不健康的晚年。我們應該養成盡量延長身體各器官與心智功能等使用

年限的習慣，例如：從養成戴太陽眼鏡防紫外線的習慣開始，延後發生白內障的年齡；從養成日記與筆記習慣開始，延後智能退化發生的年齡。

2016 年，英國倫敦商學院教授們出版《百歲人生：長壽時代的生活和工作》（*The 100-Year Life: Living and Working in an Age of Longevity*），為個人、企業與政府描繪未來世界的挑戰與機會：2007 年後出生的孩子有一半會活到 100 歲。日本一些專家，參考北歐芬蘭等國的經驗，提出「全民基本收入」（BI）的社會制度可能是解決方案。

敝人覺得：對於雙 A（AI 人工智慧＋Aging 高齡化）時代的挑戰，「雙 B（BI 基本收入＋BL 基本[健康]生活型態）」的因應，會更有長遠效果。例如：推行「身心健康五戒：微笑、刷牙、運動、吃對、睡好」與「終身學習五戒：閱讀、記錄、研究、發表、實行」之維持基本「體能、智能」生活型態（Basic Life Styles），如此更可以減少個人與社會經濟負擔，提升全民的服務體能與智能，增進大家的生活品質與公民素養，這或許是「生死管理」與建設「人間淨土」的基本方針。

——— 原刊於《人生》雜誌 452 期（2021 年 4 月）

# 8 《觀經》落日觀之三意：
# 獨處、反思、光明

　　佛典《觀無量壽佛經》（以下簡稱《觀經》）提到：韋提希王后之親生子阿闍世為奪王位而幽閉父王，欲令餓死；她想營救，卻也被禁，愁憂憔悴。如此骨肉逆倫的人間悲劇，讓她厭離此五濁惡世，求佛廣說無憂惱處，以求往生；觀於清淨業處，以便學習安頓身心的法門。

　　如今，新冠疫情再度升溫，超過七千萬人感染，近一百七十萬人死亡，所引發的政治、經濟、人際關係的危機，全球感同身受。我們除了保持健康生活習慣以健全免疫系統，以及遵守戴口罩、勤洗手、保持社交距離，接種疫苗等公共衛生措施之外，是否也能從《觀經》學習隨時安頓身心與因應生死的法門？

# 以落日觀為觀想入門方便

　　首先，佛陀說明：1. 孝奉慈心，修十善業；2. 歸依三寶，受持善戒；3. 發菩提心，深信因果，學習大乘，以此三種福業，作為淨業正因。這是個人與社會安樂的基礎，不容我們忽視。

　　其次，於此現世的無盡苦難世界中，佛陀為幫助世人觀想未來之理想世界的藍圖，依序為說十三種觀想西方極樂國土與無量壽佛，以及聖眾的法門，還有三種觀想上、中、下品往生淨土者的條件。

　　第一觀，佛陀教韋提希王后以「落日觀」作為觀察「西方極樂淨土」之觀想入門方便：「專心正坐西向，觀落日如懸鼓。」唐朝善導大師之《觀無量壽佛經疏》（以下簡稱《觀經疏》）提出如下三種意義：1. 識境住心，指方有在，2. 識知自業障有輕重，3. 識知彌陀依正二報，種種莊嚴光明等相，並分別詳說，拙文論述如下：

## （一）心之方向：獨處、歸鄉

　　《觀經疏》所說「識境住心，指方有在」，是提示西方落日處是極樂世界、彌陀佛國之所在的地方，讓眾生心有所歸宿。東晉陶淵明的「山氣日

夕佳，飛鳥相與還；此中有真意，欲辯已忘言」詩句，也可表達落日景象作為眾生「白天辛苦工作，傍晚回家休息」的情懷，這是容易引發我們嚮往的意境。

從生理學的角度，交感神經在白天較活躍，耗能產生精力，以應付工作或緊急狀況。副交感神經在用餐與晚上較活躍，消化食物蓄能，以利休息或修補器官。但是，現代人容易因為各種壓力，或追求興奮的社交活動（縱使疫情嚴峻），與熬夜等不良的生活習慣，導致交感神經過度亢奮，即使到了夜晚，副交感神經依然低迷，無法安眠、疲勞累積，造成便祕、缺乏食欲、血壓上升、胃脹等副交感神經障礙等症狀，乃至免疫系統失調，導致容易感染疾病。

因此，「落日觀」平時可作為「放下萬緣，養精蓄銳」的觀想意象，在「保持社交距離」的公共衛生防疫措施，讓我們更有機會善學「獨處：養氣凝神」的意義。臨命終時，也能作為觀想「死亡」，猶如「回歸自然的家鄉」的體會，以及「黃泉道上獨來獨往」的準備。

## （二）且禪且懺：反思貪瞋癡

《觀經疏》先以「四大散向四方、融合虛空」

之「落日觀」作為第二「識知自業障有輕重」的修行：

> 又令觀身四大內外俱空，都無一物。身之地大皮肉筋骨等，心想散向西方盡西方際，乃至不見一塵之相。又想身之水大血汗津淚等，心想散向北方……又想身之風大，散向東方……又想身之火大，散向南方……又想身之空大，即與十方虛空一合……又想身之五大皆空，唯有識大，湛然凝住，猶如圓鏡，內外明照朗然清淨。作此想時，亂想得除，心漸凝定，然後徐徐轉心諦觀於日。

如此的觀想法，平時可以消除亂想，身心輕安，意凝心定；臨終時，對於身體「四大」散解的狀態，不恐慌，不執著，安處於自然分解的過程中。

接著，《觀經疏》以此「五大俱空」、心如圓鏡之「明相」來了解業障輕重：

> 其利根者，一坐即見明相現前。當境現時，或如錢大，或如鏡面大。於此明上，即自見業

障輕重之相。一者黑障，猶如黑雲障日。二者黃障，又如黃雲障日。三者白障，如似白雲障日。此日猶雲障故，不得朗然顯照。眾生業障亦如是。障蔽淨心之境，不能令心明照。

這種以禪修淨心，反思觀照業障的意義，在《高僧傳》卷 2 有如下記載：

> 初〔曇無〕讖（Dharmarakṣa, 385~433）在姑臧（甘肅省武威縣），有張掖沙門道進，欲從讖受菩薩戒。讖云：且悔過。乃竭誠七日七夜，至第八日，詣讖求受，讖忽大怒。進更思惟：但是我業障未消耳。乃勵力三年，且禪且懺，進即於定中，見釋迦文佛與諸大士授己戒法。其夕同止十餘人，皆感夢如進所見。進欲詣讖說之。未及至數十步，讖驚起唱言：善哉！善哉！已感戒矣，吾當更為汝作證。次第於佛像前，為說戒相。

我們是否也可以藉此疫情，讓心如圓鏡，不會怨天尤人或歧視與怪罪他人，反思個人乃至全人類的貪、瞋、癡所引發的困境與災難。

## （三）身心光明、國土明淨

　　若能懺悔清淨，心性光明自現，《觀經疏》以「識知彌陀依（國土）正（身心）二報，種種莊嚴光明等相內外照曜，超過此日百千萬倍」，來說明「落日觀」作為第三種意義。因為，可以藉這日輪光明之相，擴大百千萬倍，推想極樂世界的莊嚴光明。讓我們日常生活之行住坐臥，時時刻刻「禮念憶想，常作此解。不久之間，即得定心，見彼淨土之事快樂莊嚴。為此義故，世尊先教作日想觀也。」

　　猶如《藥師琉璃光如來本願功德經》的「第二大願：願我來世得菩提時，身如琉璃，內外明徹，淨無瑕穢，光明廣大，功德巍巍，身善安住，焰網莊嚴，過於日月；幽冥眾生，悉蒙開曉，隨意所趣，作諸事業」，讓自己可以顯現如琉璃青空之清淨本性，身心光明，自利利他，國土明淨。

## 理想的人格與世界的學習原點

　　如此學習「落日觀」三意，可以運用於《觀經》其他觀想法門，例如：水想與琉璃地，寶樹、八功德水與自然環境保護，樓閣天樂與建築藝術等

等，也都與身心世界交融之明淨有關。

此外，《觀經疏》對第八「像想觀」之解釋「言是心作佛者，依自信心緣相如作也。言是心是佛者，心能想佛，依想佛身而現，即是心佛也。離此心外，更無異佛者也。」我們可以了解：心如圓鏡之「落日觀」也是理想的人格（佛菩薩）與理想世界（淨土）的學習原點。

——— 原刊於《人生》雜誌450期（2021年2月）

# 線上皈依、雲端祈願 *9*

　　2020 年初，全世界如火如荼進行「新型冠狀病毒」防疫工作，也開始討論所謂「後疫情時代」，特別是遠距線上之工作、學習、商業或社交生活的「新常態」（New Normal），加速個人、家庭、機構團體與國家之「數位化轉型」（Digital Transformation, DX）。

　　宗教界的傳統活動形式也面臨此類的轉型挑戰，例如：佛教「皈依三寶」儀式是僧團讓信眾確定佛教信仰之重要的活動，若因疫情，改為「線上皈依」形式，親教師「實體」沒有現前，可能有些疑慮，因此，敝人常被問到這類問題，今於此提供相關資訊，敬請大家參考。

## 線上皈依

佛教為避免因為戰爭、疫情、偏遠等狀況而產生「生善導俗」障礙，不只是皈依，「五戒、八戒、菩薩戒」受戒儀式，都有「無師現前」而「自誓受」（＝心念受）的開緣，例如：唐朝道宣律師述《釋門歸敬儀》卷2：「顯歸三寶，自誓不迴。其受法云：我某甲盡形壽，歸依佛，歸依法，歸依僧（心生口言，一心向佛，如上三說，名得歸法）；我某甲盡形壽，歸依佛竟，歸依法竟，歸依僧竟（如此三說，自誓受訖）。」《優婆塞五戒威儀經》：「若無師從受處，爾時，受者若無師，應向佛像前自誓受。」《成實論》卷8：「若無人時，但心念口言，我持八戒。」《在家律要廣集》卷2：「爾時受者，若無師，應向佛像前，自誓受菩薩優婆塞威儀。」等。

何況現在的「線上皈依」可用「聲音、影像」增加受三皈依、受戒者的信願心，也是順應「減少群聚感染」或「節能減碳」等防疫、環保等社會需求，值得我們善用。

# 雲端祈福：慈悲觀

　　2013 年，敝人曾提供的「法鼓山雲端祈福」之「慈悲觀的修行次第：無緣大慈（祈福消災）；同體大悲（超薦蓮位）」念誦內容為「願我無有怨仇，願我無有瞋恚，願我無有苦難，願我內樂遍滿」之祝願，並將此祝願從「自己」，擴大「慈及親愛、慈及中人、慈及怨憎、法界眾生」之觀想。

　　這些是根據與「慈、悲、喜、捨」之四「無量心」或四「梵住」（清淨高貴的心態）相關的禪修經典，例如：《雜阿含經》卷 27：「心與慈俱，無怨無嫉，亦無瞋恚，廣大無量，善修充滿；四方、四維、上、下一切世間，心與慈俱，無怨無嫉，亦無瞋恚，廣大無量，善修習充滿，如是修習。悲、喜、捨心俱亦如是說。」以及一些相關的詮釋論典，例如：《瑜伽師地論・聲聞地》卷 26 說明「慈愍所緣（慈心禪修對象）」是對親友、怨敵，或者無關係的人（中品），平等保持給予利益的意向（意樂），能引發下、中、上品快樂之禪定境界的殊勝確信（勝解）。

　　然後，再配合《大智度論》卷 14 所述「持戒能生布施」之「財施、法施、無畏施」三種布施的

運用，成為「法鼓山雲端祈福」佛法的內容。

## 雲端祈願：祈福、超薦

2022 年 5 月，敝人為西蓮淨苑撰寫如下「雲端祈願：祈福、超薦」牌位系統的設計文句：於資訊時代，善用網路「雲端」系統，讓信眾可以隨時隨地「祈願」（祈福或超薦），減少紙張牌位的時空限制，避免焚燒牌位之空汙問題；順應防疫、環保等社會需求，也合乎現代意義。

### 如何祈福

為增進自他的生活品質與公民素養，建設清淨安樂社會與國土，我隨緣量力發願：

> 常念「南無觀世音菩薩」或《般若心經》，學習「利人利己」之菩薩精神。
>
> 為自他安樂，實踐「優質善法五戒：不害、不盜、不邪淫、不妄語、不飲酒」。
>
> 為修福安康，實踐「身心健康五戒：微笑、刷牙、運動、吃對、睡好」。
>
> 為修慧安心，實踐「終身學習五戒：閱讀、記錄、研究、發表、實行」。

為圓滿佛道，實踐「菩薩悲智六度：布施、持戒、忍辱、精進、禪定、智慧」。

## 如何超薦

為慎終追遠，緬懷祖德，感恩報恩，發菩提心，行菩薩道，光宗耀祖，蓮品增上。為累劫怨親，苦難眾生，仗三寶力，解脫生死。我隨緣量力發願：

常念「南無阿彌陀佛」或《阿彌陀經》，學習「自度度人」之菩薩精神。

為急救互救，學習救生技能以及各種急救法。

為善終準備，善用「安寧緩和醫療條例」以及《病人自主權利法》，進行「預立醫療照護諮商」，簽署「預立醫療決定」。

為善後準備，養成累積善緣於各種人際關係、社區社群，以及減少多餘的擁有與避免囤積物品的生活習慣。

學習「剎那無常」的生活態度，以及因應「長壽時代的生活和工作」的準備，實踐「身心健康五戒」以及「終身學習五戒」，維持基

本「體能、智能」生活型態。

## 內心的影像或語言

從「唯識學」角度，我們所認識的世界是「內心影像」的顯現，或是由「內心的語言」（意言）所建構的。所以，我們「溝通交流」（不論是「現前當面」或「不現前〔遠距線上〕」）應該重視「內心的影像或語言」是否有傳播成功？不然，若「內心的影像或語言」沒有交流，縱使「現前當面」也無效或誤解，值得我們警惕。

———— 原刊於《人生》雜誌467期（2022年7月）

*chapter 4* ▶ # 美好共生新世界

# 六相圓融與俄羅斯娃娃

## 六相圓融

　　《華嚴經‧十地品》卷 34，對於歡喜地之菩薩所發的第四大願（修行二利願）有如下描述：「願一切菩薩行廣大無量不壞不雜，攝諸波羅蜜，淨治諸地，總相、別相、同相、異相、成相、壞相，所有菩薩行皆如實說，教化一切，令其受行，心得增長；廣大如法界，究竟如虛空，盡未來際一切劫數無有休息。」

　　世親菩薩《十地經論》對此六種方便（總相、別相、同相、異相、成相、壞相，合稱六相）形成廣大無量菩薩行的論點，認為可以通釋全經各種十句法門，例如經文開始之菩薩「十依自利」由通達佛法而入佛智的十句，第一句為總相（同相、成相／略相或合相），其餘九句為別相（異相、壞

# 六相圓融與俄羅斯娃娃

## 六相圓融

　　《華嚴經‧十地品》卷 34，對於歡喜地之菩薩所發的第四大願（修行二利願）有如下描述：「願一切菩薩行廣大無量不壞不雜，攝諸波羅蜜，淨治諸地，總相、別相、同相、異相、成相、壞相，所有菩薩行皆如實說，教化一切，令其受行，心得增長；廣大如法界，究竟如虛空，盡未來際一切劫數無有休息。」

　　世親菩薩《十地經論》對此六種方便（總相、別相、同相、異相、成相、壞相，合稱六相）形成廣大無量菩薩行的論點，認為可以通釋全經各種十句法門，例如經文開始之菩薩「十依自利」由通達佛法而入佛智的十句，第一句為總相（同相、成相／略相或合相），其餘九句為別相（異相、壞

相／廣相或開相）。

華嚴宗第二祖智儼（602～668）用此六相解釋法界緣起；三祖法藏（643～712）《華嚴五教章》卷4裡，舉了屋舍和椽瓦的譬喻，說明因果同時，一多相即，事事無礙之理，開展華嚴宗「十玄緣起」的法門，乃至影響禪宗的思想。

例如，法眼宗開祖文益（885～958）作頌：「華嚴六相義，同中還有異；異若異於同，全非諸佛意。諸佛意總別，何曾有同異？男子身中入定時，女子身中不留意。不留意，絕名字，萬象明明無理事。」以此「理事圓融」來避免墮入斷、常、邊、邪等見解障礙。若在現代科學思潮，或許六相圓融也有相互對話的可能性，今列舉數例，就教方家。

## 從「個別」推知「總體」：化約主義

分子生物學家馬龍·霍格蘭（Mahlon Hoagland）與插畫家伯特·寶德生（Bert Dodson）在 1995 年合著《生命運作的方式》（*The Way Life Works*）的序章，有討論到「局部與整體（Parts and Wholes）」，類似「別相與總相」的議題。

該書中提到：把生命的結構分成若干層級來思考是挺不錯的辦法，由簡到繁，我們看到了原子、簡單分子、長鏈分子、分子結構物，再上去是組織、器官、系統、個體以及由個體組成的群集。

較高的層級總是包含了所有在它之下的層級，就像「俄羅斯娃娃」那樣一個套一個……，這種藉由了解局部來推知整體的方法，叫作化約主義（reductionism），它為過去數十年的科學研究帶來爆炸性的知識，包括基因是什麼與如何執行功能、生命如何獲取能量與訊息、如何維持運轉與受到調控等等。

## 總別圓融：俄羅斯套筒娃娃

霍格蘭教授說明：生化學家與分子生物學家容易視他們自己為化約主義的信奉者，而博物學家與生態學家則傾向觀看事物的全局。其實每位科學家都必須經常更換自己的視界，以小觀大，再以大觀小，在見樹與見林或微觀與宏觀之間移動。

用「俄羅斯套筒娃娃」作為「總別重重套疊」的譬喻，古生物學家尼爾‧蘇賓（Neil Shubin）2008 年所出版《我們的身體裡有一條魚：人體35

億年歷史之旅》（*Your Inner Fish: A Journey into the 3.5-Billion-Year History of the Human Body*），也運用此喻來說明生物物種的「差別」與「共通」特徵的套疊性。例如：有頭有眼的動物作為內層，有頭有眼有四肢則是中層，有頭有眼兩手兩腳走路的是外層；相對應的化石地質年代也呈現「早、中、晚」時期的相對關係，如此我們可以推斷生物發生重大變異的約略年代：哺乳動物的起源化石在中生代早期（約二億一千萬年前）的岩石；靈長類的起源化石在到上一層的白堊紀岩（約八千萬年前）。如果我們按照從脊椎動物胚胎的鰓弓的發長歷程，可以追蹤所有顎耳喉的起源，我們的骨骼、肌肉、神經和動脈都發展於這些鰓弓。

拙文〈四念住與三重腦理論〉（《人生》雜誌2004 年 9 月）也提到：人類的腦包含有最深部的「爬蟲類型的腦」的腦幹（生命中樞）。包圍腦幹的外側是「原始哺乳類型的腦」的大腦舊皮質（本能與情緒中樞）。最後覆蓋其上的就是演化到靈長類才發達的「新哺乳類型的腦」的大腦新皮質「智能中樞」。人類胎兒的腦部也是依此三重順序發展；先後三種的演化期的腦，由內到外依序共存於人腦中……於身、受、心、法等「四念住」的觀察

順序，與上述腦演化的「三重腦理論」，發現似乎有不謀而合之處時，再次產生一股震撼力，影響到我在動靜修行的感受與理解。

## 重重無盡之華藏世界觀

這種「總別重重套疊」的生命演化（緣起），讓我們聯想《華嚴經》之互攝互入，如卷77：「是以一劫入一切劫，以一切劫入一劫……是以一眾生入一切眾生，以一切眾生入一眾生，而不壞其相者之所住處。」從「劫、剎、法、眾生、佛」五事，討論「一即多、多即一」重重無盡之華藏世界觀，進而體會《華嚴經》卷8「菩薩摩訶薩如是觀者，以少方便，疾得一切諸佛功德。常樂觀察無二法相，斯有是處。初發心時，便成正覺，知一切法真實之性，具足慧身，不由他悟」之「因該果海，果徹因源」妙義。

———— 原刊於《人生》雜誌449期（2021年1月）

# 2 忍辱菩薩與敗者之演化史

　　2021 年 7 月，美軍完全撤離阿富汗，塔利班旋即發動攻勢擊潰共和國軍，8 月 15 日占領首都喀布爾，復辟被推翻的大公國。阿富汗戰爭是以美國為首的聯軍，在 2001 年 10 月 7 日至 2021 年 8 月 30 日（約 20 年）對阿富汗蓋達組織和塔利班的戰爭，是美國對 911 事件的報復行動，也是反恐戰爭的開始。

　　根據美國布朗大學的研究，截至 2020 年，美國在此戰事費用總計約 9780 億美元；阿富汗安全部隊死亡人數約 6.9 萬，平民和武裝分子死亡人數都在 5.1 萬左右。自 2001 年以來，國際聯軍死亡人數超過 3500 人。聯合國數據顯示，2012 年以來，約 500 萬阿富汗平民流離失所，戰亂難民人數居世界第三。

# 以怨報怨，怨終不除

但根據皮尤研究中心（Pew Research Center）8
月底民調顯示，69% 美國人認為美國並沒有完成在
阿富汗的目標。美國總統拜登也提醒「恐怖主義的
威脅超越阿富汗並蔓延到世界各地」；美國國務卿
指認的外國恐怖組織數量已超過 70 個，20 年來增
長了約 2.5 倍。

對以「反恐」為名的阿富汗戰爭，世人可以
有不同角度的評價。我們或許也可以從《論語・憲
問》：「以德報怨……以直報怨，以德報德。」或
者佛典《四分律》卷 43：「怨無輕重，皆不足報。
以怨報怨，怨終不除，唯有無怨，而除怨耳。」等
不同選項來思考。若參考《中阿含・長壽王品》，
佛見拘舍彌地區的比丘之間諍論不已而誡以忍行，
謂唯忍能止諍，並說長壽王與長生王子實踐徹底忍
辱行之故事。

古印度，長壽王厭惡與鄰國梵摩達哆王再三
戰爭，自願棄戰，國破身亡。臨終時，以「忍能止
怨」，訓勉王子長生。之後，長生以琴師身分，接
近梵摩達哆王，曾有親手殺敵報仇的機會，但終以
憶念父王臨終的訓誨，忍不報怨。梵摩達哆王非常

感動，讓長生復國，友好相處。

## 忍辱波羅蜜

有關「忍不報怨」，大乘佛教有所謂「忍辱波羅蜜」，是「布施、持戒、忍辱、精進、禪那、智慧」六波羅蜜（pāramitā，意譯：度、到彼岸、究竟）之一。《瑜伽師地論》卷 57：「云何忍辱？謂由三種行相應知。一、不忿怒，二、不報怨，三、不懷惡。」忍辱之梵語 Kṣānti（音譯：羼提）除了忍耐之義，也有認可道理之義，例如《解深密經》卷 4〈地波羅蜜多品〉提到「耐怨害忍、安受苦忍」之外，有所謂「諦察法忍」或《大寶積經》卷 26「無生法忍者，一切諸法無生無滅忍故」，此種安忍（認可）與見解或智慧有關。

忍辱波羅蜜之膾炙人口的典範是「忍辱仙人」的故事，根據岡田真美子發表的論文〈忍辱仙人說話〉（2017）研究統計，有 46 部佛教文獻以長短不同形式講述此仙人（隱士）之四肢和身體各部位被一個殘酷的國王砍斷，但不動心的故事。例如：《大方等大集經》卷 50：「如我昔作忍辱仙人，常在林中食諸甘果。時有國王名曰迦利，支解我身而

為八段。我於彼時以能善修第一義忍故，從所割處流出白乳，以是忍辱苦行因緣……彼時無量億那由他百千人非人等，悉發阿耨多羅三藐三菩提心。我昔為人生非難處，作此苦行不足為難。」

## 敗者之演化史

忍辱仙人的故事是忍辱波羅蜜之極致，一般人難及，但《史記‧淮陰侯傳》所記載：韓信於微賤時，曾忍辱從屠中少年的胯下爬過之故事，值得我們省思。猶如稻垣榮洋（2020）《敗者の生命史38億年》（中譯本《敗者為王：進化論忘了告訴我們的事》）所說：回顧生物的歷史，活下來的往往是弱者。開創新時代的，往往是敗者。敗者們克服逆境，忍耐蟄伏，不斷上演大逆轉的戲碼。

例如：地球生命演化史之古生代的「寒武紀大爆發」（5億5千年前，物種爆炸性增加），各種生物中，有強弱之分，弱肉強食。生存的攻防戰中，演化出硬殼或利刺，但也有發展出被稱為脊索的硬筋，練出能逃避天敵追殺的高超泳技之魚類（最早的脊椎動物）的祖先。後來，魚類中的強大的物種，將較弱小的魚趕到了潮間帶，更弱小的魚

被趕往了河川或河川上游，再更弱小的逃躲到小溪或水塘等，練就了敏捷的游泳力。此外，游得慢、動作遲緩的大型魚類則被趕往沒有水的淺灘，鰭演化成腳，成為兩棲類，乃至成為爬蟲類、恐龍、鳥類、哺乳類的祖先。

在恐龍稱霸的時代，人類祖先只是像老鼠般的小哺乳類，為逃避捕食威脅之下，聽覺、嗅覺，以及掌管這些感覺的大腦變得發達，更練出敏捷的運動能力。為躲避地上的敵人而逃到樹上的哺乳類，進化成了猴子。然後，氣候的變遷，蓊鬱的森林成為貧脊的草原，猴子又進化成了兩腿走路，會使用火和工具的人類。

如此回顧生命的歷史，最終完成進化的是被追殺、被迫害的弱者；開啟新時代的往往是所謂的敗者，這或許是菩薩行忍辱波羅蜜的醍醐味。

———— 原刊於《人生》雜誌459期（2021年11月）

# 俄烏戰事之鑑與沙門精神 3

## 基輔羅斯兄弟

　　根據維基百科，從史學觀點，「基輔羅斯公國」（882～1240）是三個現代東斯拉夫民族國家（烏克蘭、俄羅斯及白羅斯）的共同祖先，其名號「羅斯」被三國中最強大的俄羅斯繼承；其地理位置及首都「基輔」被烏克蘭繼承，烏克蘭雖然不如俄羅斯強大，但卻是早期羅斯——東斯拉夫民族的經濟中心，孕育了後來的俄羅斯和白羅斯文化；而其語言、文化的純粹性則被「白羅斯」繼承。

## 俄烏戰事之鑑

　　此次「兄弟戰爭悲劇」之鑑，再次讓我們反省國際、社會、家族乃至人際關係的愛恨情仇，所

謂「成也情感，敗也情感」，「樂也親情，苦也親情」，彼此堅持自己的「民族大義」、「社會正義」乃至「家族榮耀」的情感，不惜反目成仇，恃強凌弱。猶如今年校慶「佛典戲劇編導演：生命教育之舞台實踐」課程的學生所表演《悠悠鹿鳴》佛陀本生故事：人王打獵，群鹿潰散，死傷遍野；鹿王哀求希望能夠每日一鹿主動供饌，以減少鹿群死傷。之後，鹿王情願替代懷孕的母鹿，自行前往作為當日之犧牲品。人王愴然感動曰：「汝雖為鹿身，懷天地之仁，捨身救眾。吾為人王，卻日殺眾生之命，豈不是虎狼之惡行？」因而，將此鹿群棲息地，設定為禁獵區，這也是「鹿野苑」地名的緣由。

我們期待俄烏戰事，可以化干戈為玉帛，國家、民族、家族乃至每個人，能以更寬廣的角度，觀察「無常、無我」，互相尊重與包容，善意增長，「國家情、民族情、親情、愛情、友情」更有可能永續，這也是人間淨土的意義。

## 沙門精神

最近，因為俄烏戰事，敝人也被問到：我們如

何因應戰爭之民生資源困境？我個人覺得我們可以學習「沙門」精神，耐苦、耐餓、耐勞。

佛教僧團是屬於「沙門」（śramaṇa，勤勞苦行者），意譯為「寂志」，志求於「寂滅」（涅槃）的人，有別於古印度念誦「吠陀（veda）詩頌」（梵文 Brahman，有關宇宙原理或主宰者的知識）的祭司——「婆羅門」（Brāhmaṇa），意譯為「梵志」，志求於「梵」的人。

印度宗教將人生的理想生活分為四階段。第一是「梵行期」（學生期），依師學習；第二是「家住期」，成家立業；完成在家目標，移交下一代後，進入第三「林隱期」，林間修行，志求解脫；最後是「棄絕期」，棄捨一切，雲遊托缽，專注解脫。

唐朝普光之《俱舍論記》卷 1 也記載：「依婆羅門法，七歲已上，在家學問。十五已去，受婆羅門法，遊方學問。至年三十，恐家嗣斷絕，歸家娶婦，生子繼嗣。年至五十，入山修道。」

其實，農業社會資源無常，等到將家庭責任交給兒女之後，為了減少家庭資源負擔，出家托缽維生，對社會只求最基本能夠維持生命的食物或衣物數量即可，這是「林隱期、棄絕期」的生活態度。

但若想專心於解脫的人，可不經歷家住期，直接進入林隱期或棄絕期，這類修行人被稱為「沙門」，因為他／她們能捍勞忍苦，以最少資源需求的「三衣一缽」之沙門精神，少欲知足，耐苦、耐餓、耐勞，視死如歸，乃至捨身救眾，這些都是有助於解脫的生活態度，可能也是我們因應天災人禍等災難的學習榜樣。

因此，《瑜伽師地論》卷25將「1. 具足正信、2. 無有諂曲、3. 少諸疾病、4. 性勤精進、5. 成就妙慧、6. 少欲、7. 喜足、8. 易養、9. 易滿、10. 具足成就杜多功德、11. 端嚴、12. 知量、13. 具足成就賢善士法、14. 具足成就聰慧者相、15. 堪忍、16. 柔和、17. 為性賢善」等17種「沙門莊嚴」（沙門美德）作為「禪定資糧」或「離欲道資糧」之壓軸條目。

## 生命「333 法則」

我們也可以從野外或災難求生「333 法則」來了解人類「耐寒 3 小時、耐渴 3 天、耐飢 3 週」（沙門精神）的限度，正確地計算與善用我們的身心資源，比較不會恐慌，浪費精力找尋食物，或無

法避風寒，導致失溫、脫水而致死。如 2021 年 5 月 22 日，大陸甘肅省舉辦山地馬拉松，途中遇強風大雨和冰雹，21 位參賽者失溫致死。

臺灣急診醫學會野外醫學委員會主任委員高偉峰醫師說：於山難意外時，先找到可防風遮雨等避寒處所，如山洞或大樹下，用外套、雨衣、大塑膠袋等物品包裹身體；如果身體濕了要盡快弄乾，避免風寒效應加速散熱與失溫。每日飲水應掌握「少量多次分配」原則，避免一次喝太多水，每日飲水至少應維持 100cc，如此做好保暖與飲水，耐飢可達到 3 週乃至 1 個月。

## 相敬互助共生

2010 年 8 月 5 日，智利發生礦災，33 位礦工深陷 700 公尺地下的礦坑，專家估計只有 1% 的機會救援可能成功，因為受困礦工只有足夠 10 人撐 2 天的食物及 40 天的水。此外，如此有限的資源，若是你爭我奪，弱肉強食，淒慘如地獄。幸好工頭厄蘇（Luis Urzúa）先生立即領導大家了解困境，團結相敬，不搶奪有限的飲食資源，平均分配每人 48 小時的飲食量：2 湯匙罐頭、1 口牛奶、1 塊餅乾、

1小片桃子，如此堅持70天，全員獲救。這或許也是「沙門」精神：耐苦、耐餓、耐勞，相敬互助共生，化地獄為人間的實例，值得我們借鑑。

——— 原刊於《人生》雜誌465期（2022年5月）

# 「婆羅浮屠」曼陀羅之超出三界

　　最近，敝人有緣受邀擔任大愛台《地球證詞》所播放《海上絲路‧婆羅浮屠》紀錄片導讀，對於婆羅浮屠之「三界」曼陀羅之結構，有些新的體會，野人獻曝，就教方家。

## 九世紀的佛國理想：「婆羅浮屠」曼陀羅

　　7 世紀後半，建立於印尼爪哇島中部的 Sailēndra（夏連特拉；山帝）王朝是兼具海上貿易與農業實力的王國，約於 760 年起建「婆羅浮屠」（Borobudur）佛塔「曼陀羅」，約於 830 年完成。它的基座四面各 123 公尺，高 42 公尺，以 200 萬塊（350 萬噸）安山岩為石材，將 2672 幅浮雕（超過 1 萬個人物）鑲嵌於四面塔身之四層迴廊，432 座佛像壁龕配置於五層之四面塔身，上層有三圈 72

座佛塔與居中之佛塔，總共 505 尊佛像，被認為是世上最大的佛塔建築，1991 年被列入世界文化遺產。

「曼陀羅」是梵語 maṇḍala 的漢語音譯（意譯：壇場），用於宗教儀式，或禪定對象之表達宇宙或人生觀的空間或圖案。信奉佛教與印度教的夏連特拉王朝君主自期為「轉輪聖王」（守護正法的統治者），因此營造「婆羅浮屠」作為佛國理想的教化與宣揚的場域。

## 三界之身心昇華

「婆羅浮屠」曼陀羅之下、中、上層分別代表佛教所謂「欲界（貪欲之世間）、色界（離欲之禪天世界）、無色界（離色身之心識界）」三界世間，讓參訪者由下層往上層升進時，體驗身心淨化與昇華轉換意境。

基層底壇牆由 160 幅表達「欲界」善惡業報之浮雕組成。第一層到第四層迴廊的塔身代表「色界」，由 1300 餘幅佛典敘事浮雕與 1212 餘幅裝飾浮雕組成，取材於大乘之佛傳《普曜經》、佛陀前世各種身形之菩薩行《本生經》與《本生鬘》、善

財童子參訪 53 位善知識的《華嚴經‧入法界品》等，全長共計五公里，參訪者可以身歷其境，確定實踐斷惡修善的決心，效法佛陀與善財童子之求道生涯。

上層「無色界」，造形由方變圓，雕刻風格亦由華麗轉為樸實。三層圓狀壇上共有 72 座鏤空之安置佛趺坐像之鐘形塔，如眾星拱月，圍繞最高層傘蓋形佛塔，象徵十方眾生成佛之道的頂點目標。

## 有形與無形文化遺產

1006 年，婆羅浮屠以東 100 公里處的摩拉匹火山爆發，地震與火山灰掩蓋湮沒下的婆羅浮屠因而被遺棄淡忘。1814 年，英國之爪哇副總督湯瑪士萊佛士（Thomas Stamford Raffles, 1781 ～ 1826）派人發掘與清理。1973 年，聯合國教育、科學與文化組織（UNESCO）援助，維護整修，開放參觀，每年遊客數百萬人。1985 年，遭受恐怖分子以炸彈摧毀 9 座佛像，這或許是「有形」世界文化遺產所面對天災人禍之無常現實。

1992 年，UNESCO 開始規劃「無形文化遺產」（Intangible Cultural Heritage, ICH），於 2003

年通過「保護無形文化遺產公約」，將 ICH 定義為：「被各社區、群體，有時是個人，視為其文化遺產組成部分的各種社會實踐、觀念表述、表現形式、知識、技能，以及相關的工具、實物、手工藝品和文化場所或展現。」各國的社區與社群也開始重視將 ICH 視為教育資源或媒介，學習對文化多樣性和人類創造力的尊重。

## 超出三界

我們或許可將「無形文化遺產」理念與佛教「無色界」意涵做對應，婆羅浮屠之上層「無色界」雖然沒有迴廊浮雕敘事，但我們或可運用《中阿含經・分別六界經》之類的經典來觀想學習。

所謂「六界（大）」的觀察，唐朝善導大師（613～681）在《觀無量壽佛經疏》說：「身之地大皮肉筋骨等，心想散向西方盡西方際，乃至不見一塵之相。又想身之水大血汗津淚等，心想散向北方……又想身之風大，散向東方……又想身之火大，散向南方……又想身之空大，即與十方虛空一合……又想身之五大皆空，唯有識大，湛然凝住，猶如圓鏡，內外明照朗然清淨。」這是以此「五大

（界）俱空」、心識如圓鏡之「明相」來了解個人業障輕重。

《分別六界經》是敘述佛陀教導觀察「地、水、火、風、空、識」六界（元素）中，沒有一樣是「我的」、「我」或「我自己」，明了識如何來？如何去？樂、苦、非樂非苦感覺如何來？如何去？心無所著，成為純粹、平等的捨心。將這捨心昇華至任何高層的心識境界（無色界：空無邊處、識無邊處、無所有處、非有想非無想處）。雖可長時維持，但又知該處乃心所造，是有為法。於是，他不再以心造作，亦不以意志（思）求生存相續，亦不求滅，心無執取，無所罣礙，心得寂滅。

修行者破除誤認身心的「色」（物質）、「心」、「心所」（受、想、識等心理作用）等不同層面，為恆常不變的「自我」執著，體證「身心解脫」（涅槃）境界。這或許是婆羅浮屠之最高層傘蓋形佛塔所象徵「超出三界」之頂點目標，也如同《華嚴經》卷51的領會：「善財〔童子〕速究竟。佛子心歡喜，遠離世間惡，超出三界苦，受諸賢聖樂。」

——— 原刊於《人生》雜誌451期（2021年3月）

# 5

# 「重重無盡」記事本：
# Roam Research（雲遊研究）

拙文〈「阿賴耶識」記事本：聞思熏習、轉識成智的方便法門〉（《人生》雜誌 2011 年 5 月）提到敝人在 2011 年 1 月，得知有一種名為 Evernote 的具備網路服務功能的記事本軟體，已經近乎我夢寐以求的「隨時 when-ever 隨地 where-ever」（可說是名副其實的 ever-note）、如實地記錄與創作的「阿賴耶識」記事本。

## 重重無盡之「因陀羅網」境界

2021 年 2 月，我無意間得知有 Roam Research（雲遊研究，以下簡稱 Roam）的雲端記事工具，雖然只是斷斷續續使用，但已經讓我感受到它的「革命性」，可用《華嚴經》的「重重無盡」之「因陀羅（Indra，帝釋天）網」境界來讚歎。

所謂「因陀羅網」是裝飾「帝釋天」宮殿之網，網目皆以明珠嚴飾，珠珠交映，影復現影，猶如兩鏡互照，互映互入，重重無盡。依此體會《華嚴經》卷 8「菩薩摩訶薩如是觀者，以少方便，疾得一切諸佛功德。常樂觀察無二法相，斯有是處。初發心時，便成正覺，知一切法真實之性，具足慧身，不由他悟」之「因該果海，果徹因源」妙義。

　　如此體會，我們比較容易「莫忘初心」（因），超越時間長短、空間大小的焦慮、限制、分別來行菩薩道，成就佛「果」。這或許也是我們可善用 Roam 記事本的意義，對此我有一些心得，野人獻曝如下：

## 雙向鏈接之知識管理

　　資訊或知識的價值在於鏈接（link）的程度，有別於一般以分類文件夾（file）作「由上而下」（top-down）「樹狀階層」鏈接、配合標籤（tag）之知識管理的記事本工具，Roam 記事本是以小單位（頁、段、字詞）之「雙向鏈接」（bi-directional link）做「由下而上」（bottom-up）「網狀鏈接」（也可配合 tag）知識管理，減少使用者作「分類」

的負擔，例如：分類事先規劃：「如何歸類？」「如何處理跨類別資訊？」等思考成本。

敝人就讀中華佛學研究所（1982～1985）時，開始摸索適合自己的知識管理方法，例如：運用「中央卡系」之四個邊緣有專利打孔設計的卡片，但就是遭遇如何做分類的困難，只好參考賴永祥編的《中國圖書分類法》（參照杜威十進位圖書分類法改進）與李士傑編的《佛學圖書分類法》，勉強整合為自己可用的分類方式，用在卡片盒、電腦之檔案管理、Evernote 記事本軟體等。但確實有上述做分類的負擔，無形中減低做筆記與知識管理的意樂。

Roam 記事本可將任何小單位（頁、段、字詞）做「雙向鏈接」，隨緣形成知識網絡（network），因此可以讓使用者方便捕捉腦海中乍現的「雲遊」（蘊涵「雲遊僧」之自在與 Roam 是雲端作業等意義）靈感。每個字詞也可如「雲遊者」，沒有「分類」框架（固定住家）的負擔，也不為「分類」的框架所拘束，將不同時空所產生的訊息鏈接，形成重重無盡之「因陀羅網」知識網絡。

# 日日是好日：生命故事的雲遊交融

　　Roam 記事本的另一特點是以「每日記事」（Daily Notes）作為起點，讓你每日真誠地、點點滴滴編寫你的生命故事，Roam 也利用輕量級標記語言 Markdown（由一般慣用符號組成的語法，易讀易寫），例如：以「斜線」指令可以導出許多方便功能（例如：番茄鐘計時器，待辦事項……）；以「雙方括號」作「頁」（Page）鏈接，或「雙圓括號」作「段」（Block）或字詞鏈接，可自動搜尋呈現「n 筆鏈接包含 x 字詞的內容」或「n 筆包含 x 字詞但沒鏈接的內容」而選擇鏈接對象或新創「頁」或「段」，讓使用者的生命故事「雲遊」知識大海，自他交融，隨時反思自他生命故事之時間脈絡與演化。

　　唐末雲門禪師（864〜949）之語錄：「示眾云：十五日已前，不問爾（以前的事，我不問），十五日已後，道將一句來（今天起，說一句來聽）。〔大眾皆默然，雲門禪師自己〕代云：日日是好日。」從「個別」真誠的「每日記事」，珍惜剎那無常的生命律動與節奏，與自他「總體」生命故事之互攝互入。

此境界猶如本書中〈六相圓融與俄羅斯娃娃〉一文所述：華嚴宗三祖法藏（643～712）的《華嚴五教章》卷 4 裡，以屋舍（總體）和椽瓦（個別）關係的譬喻，說明「總相、別相、同相、異相、成相、壞相」等六相圓融，發揮廣大無量菩薩行之「因果同時、一多相即、事事無礙」之理，開展華嚴宗「十玄緣起」的法門，乃至影響禪宗的思想。

## 視覺化之鏈接「因陀羅網」

Roam 記事本除了可自定「階層樣式表」（Cascading Stylesheets, CSS）表達所需的樣式，可簡單地編寫 JavaScript 腳本語言等「插件」（plugin）之外，可以讓使用者隨時檢視視覺化之鏈接「因陀羅網」，包含某頁之「區域性」網絡圖（Graph View），以及全資料庫之「全貌圖」（Graph Overview），有助於跨主題與跨領域的視覺觀照。

此特性或許也是 Roam Research 公司創始人與首席執行長康納・懷特・沙利文（Conor White-Sullivan）曾認為：Roam 是將德國社會學家尼古拉斯・盧曼（Niklas Luhmann，1927～1998）的「卡片盒」（Zettelkansten）筆記法「數位化」與「視覺

化」的體現。

敝人目前是將 Evernote（「阿賴耶識」記事本，適合「收藏」）與 Roam（「重重無盡」記事本，適合「鏈接」）並用，或許有如漢傳佛教之「法相宗」之「阿賴耶識（藏識）緣起」主張，與華嚴宗之「法界（重重無盡）緣起」主張有互補交融之處，博君一笑。

―――― 原刊於《人生》雜誌455期（2021年7月）

# 6

# 佛教的連結（yoga）與解脫（mokṣa）

2021 年 10 月 14 日，敝人受邀到輔仁大學野聲樓 1 樓谷欣廳演講。這是屬於該校文學院劉雅芬老師向日本之 Euraisa（歐亞）基金會申請「歐亞連結 —— 歐亞文化交流 Eurasian Connection-Eurasian Cultural Exchange」講座（120 位選修，為防疫，半數分流實體與線上）之一堂課，我的講題是「歐亞文化交流：佛教在歐亞大陸的傳譯」，由輔仁大學使命副校長聶達安神父擔任主持人。

## 歐亞連結

演講前，劉老師說明此基金會期待學校可以培養具備多元歷史觀、人文關懷、創意思考，以及兼具在地與宏觀視野的青年人才，跳脫單一國家、單一媒介的視野框架，思考「歐亞」歷史、文學、

文化的生成與交流問題，打破「文化心牆」，增進互相了解，減少國際或人際誤解與衝突，期待亞洲各國也可以如「歐盟」般的合作架構，促進地域和平。因此，贊助亞洲各大學辦理此類講座。

對於「歐亞連結」，我先從西元前 4500 至 500 年之間，古代印歐民族宗教文化之婆羅門教、佛教的起源與開展談起，以大衛‧安東尼（Anthony, D. W., 2007）的 *The Horse, the Wheel, and Language: How Bronze-Age Riders from the Eurasian Steppes Shaped the Modern World*（中譯本《馬、車輪和語言：歐亞草原的騎馬者如何形塑古代文明與現代世界》）的大作，介紹處於歐亞大陸的核心地帶「草原騎馬者文明」，將馴化的馬匹結合車輪等機械技術，發明了由馬匹拉動的有輪車與馬戰車，將「草原海洋」從原先的無人地帶轉變為四通八達的交通要道，四處移居、建立聚落，最終在歐亞大陸形成繁榮的貿易和文化交流網絡，從而開創充滿活力的變革時代。

## 連結與解脫

「連結」的梵文是 "yoga"，音譯為「瑜伽」，

其字根是 $\sqrt{yuj}$，原意是將兩頭牛或馬「套軛」，連結合一，以便駕馭成對的牛馬，合作完成農事或運輸等工作，因此也延伸為「合一、成對」意義，可以指稱：身心、心境、止（定）觀（慧）、或理智之連結（相應、契合）的「練身修心」方法。因為維持「身心統一性」的狀態，猶如兩頭牛或馬同心協力的連結（軛），比較可以完成各種所應作的目的，可見「身心、心境、自他、人與自然」的正確連結的重要性。

反之，錯誤的連結則需要解脫，「解脫」的梵文是 "mokṣa"，音譯為「木叉」，其字根是 $\sqrt{muc}$，原意是鬆綁、解開，引申為從世俗欲望與生死苦海解脫。佛教以「戒、定、慧」三無漏學為解脫道，例如：梁武帝時代，僧伽婆羅法師漢譯的《解脫道論》（優波底沙 Upatissa 所造）是以三無漏學為內容，因為戒學、定學、慧學是將我們的身（行為）、口（言語）、意（思考）業作「正確的（如法的）連結」（修行），如此則可以從「錯誤的連結」（貪欲、執著）解脫。所以《瑜伽師地論》卷92 也說：「又諸苾芻守護諸根，有慚有愧，由是因緣，恥於惡行，修習妙行（戒學）。修妙行故，無有變悔。無變悔故，發生歡喜，此為先故心得正

定（定學）。心正定故，能見如實（慧學）。見如實故，明及『解脫』皆悉圓滿。當知是名修行（連結、相應）次第。」

## 不可思議解脫

印順法師《印度佛教思想史》提到：「羅什所譯《維摩詰所說經》，經題下注『一名不思議解脫』。《華嚴經》的〈入法界品〉，《智度論》稱為《不可思議解脫經》；『四十華嚴經』題，也作『入不可思議解脫境界』。解脫（vimukti）是佛法的修行目標，大乘佛法稱為『不思議解脫』，形式與方法上，應有某種程度的差異；差別的重點，就是方便。」

所謂「方便」（upāya）是指「引導眾生的巧妙方法」，有時也會善用似乎是逆緣逼迫，乃至以「捨身」的方式，發揮布施波羅蜜之極致，猶如《大乘寶要義論》卷9：「又十方世界或有菩薩從其求乞手足耳鼻、血肉筋骨、頭目身分、妻子奴婢、人民國邑、象馬車乘。凡如是等或來求者，皆悉給施。菩薩以如是相故行逼迫，此等皆是住『不可思議解脫』菩薩。迦葉！譬如龍象蹴踏，非驢所

堪。凡夫亦復如是，不能如是逼迫菩薩，而菩薩者乃能如是逼迫菩薩。」

例如佛教「捨身飼虎」故事傳譯亞洲各地的不可思議「連結」（與眾生之同體大悲）或「解脫」的意義。此是講述佛陀曾是薩埵太子，與兄長出遊，見到餓虎，發起慈悲心，以自己肉體餵食餓母虎與七隻虎子之事蹟，出現於《菩薩投身飴餓虎起塔因緣經》、《金光明經·捨身品》等諸多佛典，被描繪成各樣式的壁畫或繪畫。

其中，莫高窟第 254 窟南壁前部西側之北魏時期的壁畫或日本奈良法隆寺「玉蟲廚子」（國寶）須彌座右面都是精彩生動的傑作，充分表達出〈捨身品〉中捨身的精神：「當使此身修廣大業，於生死海作大舟航，棄捨輪迴，令得出離……以求無上究竟涅槃，永離憂患無常苦惱，生死休息，斷諸塵累，以定慧力圓滿熏修，百福莊嚴成一切智，諸佛所讚微妙法身，既證得已，施諸眾生無量法樂。」以此培養學生具利他精神敘事力是此講座目標，能將專業知能實踐於社會，達到知識與社會之良性互動。

# 真菌・輕鋼構與生態・綠建築

7

2020 年底，西蓮淨苑遇到有害木層孔菌（褐根病菌，屬於真菌界）之防治因緣，林業試驗所森林保護組傅春旭博士建議整頓病根與土壤之外，也教導我們將藥用真菌（東方拴菌、血紅密孔菌）、食用真菌（香菇、木耳），種在疏伐後散在附近之木塊基質，讓褐根病的菌絲及孢子不便擴散。因此，引發敝人對真菌的研究興趣，特別是真菌在生態系統的角色。

## 真菌：菌之本義（蕈菇）

但是，可能由於現代之衛生宣導時，使用「殺菌」的說明常是指對於微生物之「細菌」防治，因此「菌」字比較容易與「細菌」聯想。或許因此，生物學家以「真菌」之命名，提醒我們蘑菇類才是

181

「菌」字之本義,「細菌」是微生物學發展之後,借用「菌」字,前加「細」來說明需要藉由顯微鏡才能觀察到的微細生物。

## 菌根共生關係:生態系運作的關鍵

2020 年,生物學家梅林・謝德瑞克(Merlin Sheldrake)出版的《錯綜交織的生命:真菌如何成就我們的世界,改變我們的心智以及形塑我們的未來 》(*Entangled Life: How Fungi Make Our Worlds, Change Our Minds & Shape Our Futures*, 中譯 本《真菌微宇宙:看生態煉金師如何驅動世界、推展生命,連結地球萬物》,2021 年)可說是真菌之科普書籍的翹楚。此書提到:「我成為劍橋大學植物系的大學生時,開始了我對真菌的正式研究,變得對『共生』(Symbiosis)著迷──共生就是無關生物之間形成的緊密關係。原來生命的歷史中,充滿密切的合作。」

這種共生被稱為「菌根關係」(mycorrhiza),真菌是大自然的分解者,可以分解各種有機物,以供植物回收利用;真菌菌絲(hypha)微細纏裹植物根系或內或外,增加了根部的表面積,讓植物的根

可以深入自身無法進入之處，從土壤中吸收水分和磷等礦物質營養。植物則行光合作用製造醣類和脂質，供給真菌，形成互利共生關係。

謝德瑞克說：其實，五億年前，植物也是因此與真菌合作而離開水域，登陸生長，真菌成為植物根系數千萬年，直到植物能演化出自己的根。

今日，超過 90% 的植物依賴此種菌根關係，以此共享的網絡來互相連結，這種森林網絡猶如「全球網際網路」（world wide web），可稱為「全林資訊網」（wood wide web）。同時，菌根關係促成了我們所知的生物圈，它是了解生態系如何運作的關鍵。

## 輕鋼構與綠建築

多年前，我聽到「輕鋼構」（Light Gauge Steel Framing Structure, LGS）的訊息，只知道是比較簡易的工法，覺得可能適合當時我們籌備之生態園區的建築。最近，因有參與此建設之規劃，發現臺灣人對輕鋼構建築有不少疑慮，覺得是「鐵皮組合屋」，不如鋼筋混凝土（Reinforced Concrete, RC）或鋼構（Steel Construction, SC）的現代建築可靠，

因此開啟我的學習與探索之旅。

　　從相關資料得知，1995年阪神大地震，造成生命、財產等重大損傷。因此日本政府開始思考：「是否有更新的建築技術來保護人民？」於是集合六大鋼鐵公司合力研發了輕鋼構的耐震屋，進而發展各種節能、健康、舒適的耐震之輕鋼構建築。1999年臺灣發生嚴重的921大地震，因此日本政府同意將此建築技術移轉給臺灣。因為地震發生時，輕鋼構建築形成之加速度比RC構造小很多，可能變形，卻不會崩塌或斷裂，有利於逃生，反而是較安全的建築物。

　　「輕型鋼構屋」是由熱鍍鋅鋼帶或鋼板、冷軋成形的輕鋼建材，可以回收再利用（RC建築則困難）；可採空氣層、防水材、斷熱材等組成的複層牆壁或屋頂之工法，冬暖夏涼。RC牆容易悶熱，因為夏季白天吸熱、夜晚放熱。

　　根據內政部建築研究所之報告（2012），目前國際間發展及從事研究冷軋型鋼的國家為數相當多，如美國、日本、澳洲、英國、歐洲大陸、加拿大、南非與中國大陸等國家，皆有制訂相關的冷軋型鋼規範……由於環保（水泥產業之汙染與耗能）的考量，木材、砂石等材料的短缺，美國、澳洲與

日本等國發展之標準化的低層冷軋型鋼建築設計與施工已廣泛地使用在工商業界及一般住宅上。2000年,輕鋼構住宅達一年 20 萬戶的規模,約占當年住宅建築的 20%,2004 年南佛羅里達州（颶風易襲地區）則達 47%。

## 真菌與輕鋼構

成功大學建築研究所劉肇隆之碩士論文〈輕型鋼構建築物構體與外殼組合型態之探討〉（2013）認為:輕型鋼因為重量輕、強度大、容易生產加工與品質穩定等優點,成為「協力造屋」理想的構造材料,讓居民參與,由專業協助,以「工」為勞務互換單位,共同建屋,凝聚部落社區意識,以建立集體機制。這種營建模式讓我們聯想到上述之真菌與植物之互利共生的關係。

此外,輕鋼構的施工的結構構件（檁條、格柵、覆材等）,可採用預先組裝成模組或牆版,載運至工地組裝連結,猶如真菌菌絲（hypha）組成蕈菇、蕈傘,乃至蜜環菌（Armillaria）蔓延十平方公里、幾百頓重、約兩千到八千歲的菌絲體（在美國奧勒岡州發現）,拆裝維護容易,組合具彈性,造

型多元，可作為綠色建築或生態環境教育的素材，
值得我們重視與推廣。

———— 原刊於《人生》雜誌466期（2022年6月）

# 生命與能量定律暨「緣起、涅槃」的聯想

　　2022 年 1 月 23 日，敝人受邀於法鼓山僧伽大學所主辦第 19 屆「生命自覺營」（出家生活體驗營），講授第 5 天早上「生命的覺醒與超越」課程。其中，我介紹有關「生命與能量定律」暨佛教「緣生緣滅、不生不滅」法則，或「諸行無常、諸法無我、涅槃寂靜」三法印的聯想如下：

## 緣起甚深，涅槃倍復甚深

　　根據佛傳文獻，佛陀在覺悟後，觀察到貪愛執著於我的眾生，難以理解二種甚深「緣起與涅槃」妙法而多日躊躇：「設吾與人說妙法者，人不信受，亦不奉行者，唐有其勞，則有所損。我今宜可默然，何須說法？」《雜阿含經》卷 12 也說：「此甚深處，所謂『緣起』；倍復甚深難見，所謂

一切取離、愛盡、無欲、寂滅、『涅槃』；如此二
法，謂有為、無為。有為者若生、若住、若異、若
滅；無為者不生、不住、不異、不滅，是名比丘諸
行苦寂滅涅槃。」

其中，「緣起」的「緣生緣滅」法則，說明眾
生貪執「有為法」而生、住、異、滅之生死流轉；
「涅槃」的「不生不滅」法則，顯示聖賢無欲無我
而隨順「無為法」不生、不住、不異、不滅之涅槃
還滅。換言之，「生滅」流轉與「不生不滅」寂滅
的法則是二種甚深難解的妙法。

## 「能量守恆、熱量消散」之難解

此二種難解的眾生流轉與寂滅法則，在探究
「生命與能量定律」也有類似甚深難解之處。例如：
分子生物學家馬龍・霍格蘭（Mahlon Hoagland）
與插畫家伯特・竇德生（Bert Dodson）在 1995 年
合著《生命運作的方式》（*The Way Life Works*）之
論述：

所有生命的化學反應，或者應該說宇宙中
所有的能量與物質，竟都遵守熱力學的兩個

定律。

第一定律說，在化學反應中，能量可以在不同的形式間轉換，但它不會無中生有，也不會無故消失，能量的進出始終維持在平衡狀態。

第二定律說，能量無可避免的會消散，也就是從較有利用價值的形式，例如光子或鍵結，轉變成較無價值的形式，像是「熱」。能量消散的傾向，以及物質從有序傾向無序的現象，就叫做「熵」，物理學家指出，宇宙的熵一直在增加中。這種說法倒是引來一個謎題。

如果宇宙的能量一直在消散中，且所有的物質一直在瓦解中，那為何生命卻是朝相反方向進行？這真是太矛盾！當能量不斷地消散，生命卻似乎愈來愈有條理、愈來愈複雜。

## 「緣起即不生不滅」的禮讚

因此，奧地利量子物理學家埃爾溫・薛丁格（Erwin Schrödinger, 1887～1961）在 1944 年刊行《生命是什麼？》（*What is Life*？）提到：「從人類思想史之初，乃至今天，不斷地有人認為：在生物體內有某種特殊、非物質或超自然的力（vis viva，生命力）在作用。」

　　古印度也有以「十六神我／十六知見」的思想，來說明這類的生命原理，但是佛教從「緣起、無我、無自性」的觀察來否定，例如，《金剛經》「若菩薩有我相、人相、眾生相、壽者相，即非菩薩」之「四相」；在《大智度論》卷35則完整提到「十六神我」（十六種我執）之錯誤知見：「一切我常不可得，眾生、壽者、命者、生者、養育、眾數、人、作者、使作者、起者、使起者、受者、使受者、知者、見者，是一切皆不可得；不可得空故，但以名字說。菩薩摩訶薩亦如是行般若波羅蜜，不見我……」這是「般若波羅蜜」（智度、智慧究竟）之體會，也是《中論》觀因緣品第一「不生亦不滅，不常亦不斷，不一亦不異，不來亦不出。能說是因緣，善滅諸戲論，我稽首禮佛，諸說中第一」龍樹菩薩對佛說「緣起即不生不滅」的禮讚。


## 熱力學第二定律（熱量消散）與三法印之好處

　　熱力學第二定律不僅粉碎了人類對於永動機

械的夢想，還預測：宇宙終將進入所謂「熱寂」（heat death）的靜止狀態。佛教則有「無常、無我、寂滅」三法印的觀察，例如《大智度論》卷 22：「行者觀作法（有為）無常……知一切無我……作如是知已，不作戲論，無所依止，但歸於滅，以是故說寂滅涅槃印。」

但此定律卻可以幫助化學鍵的形成，*The Way Life Works* 解釋：「每當細胞內的分子要合成一個新的鍵結時，它所需要的能量有一部分確實儲存進鍵結中，有一部分則以熱的形式消散到四周。換句話說，真正儲存在鍵結中的能量比形成過程中所消耗的還少，多餘的能量，根據熱力學第二定律，早已消散掉了。乍看之下，你可能覺得是浪費能量，但其實這是有好處的。我們可以這樣想：如果那些多餘的能量沒有消散，而仍逗留在鍵結的附近，很可能會發生能量逆流，引起逆向反應，讓鍵結又被拆開。所以多餘能量（即熱能）的散失，可確保已形成的鍵結不再分開，讓反應呈單方向進行。」因此，我們似乎也可以體會「無常、無我、寂滅」三法印的好處。

─────── 原刊於《人生》雜誌 464 期（2022 年 4 月）

般若方程式 20

# 校長的博雅新視界
The President's Innovative Vision on Liberal Arts Education

| | |
|---|---|
| 著者 | 釋惠敏 |
| 出版 | 法鼓文化 |
| | |
| 總監 | 釋果賢 |
| 總編輯 | 陳重光 |
| 編輯 | 林蒨蓉、詹忠謀 |
| 封面設計 | 黃宏穎 |
| 內頁美編 | 小工 |
| 地址 | 臺北市北投區公館路186號5樓 |
| 電話 | (02)2893-4646 |
| 傳真 | (02)2896-0731 |
| 網址 | http://www.ddc.com.tw |
| E-mail | market@ddc.com.tw |
| 讀者服務專線 | (02)2896-1600 |
| 初版一刷 | 2022年8月 |
| 建議售價 | 新臺幣250元 |
| 郵撥帳號 | 50013371 |
| 戶名 | 財團法人法鼓山文教基金會—法鼓文化 |
| 北美經銷處 | 紐約東初禪寺 |
| | Chan Meditation Center (New York, USA) |
| | Tel: (718)592-6593 E-mail: chancenter@gmail.com |

法鼓文化

國家圖書館出版品預行編目資料

校長的博雅新視界 / 釋惠敏著. -- 初版. -- 臺北
市 : 法鼓文化, 2022.08
　　面 ; 　公分
　　ISBN 978-957-598-963-7 (平裝)

　1. CST: 佛教修持

225.87　　　　　　　　　　　111008459